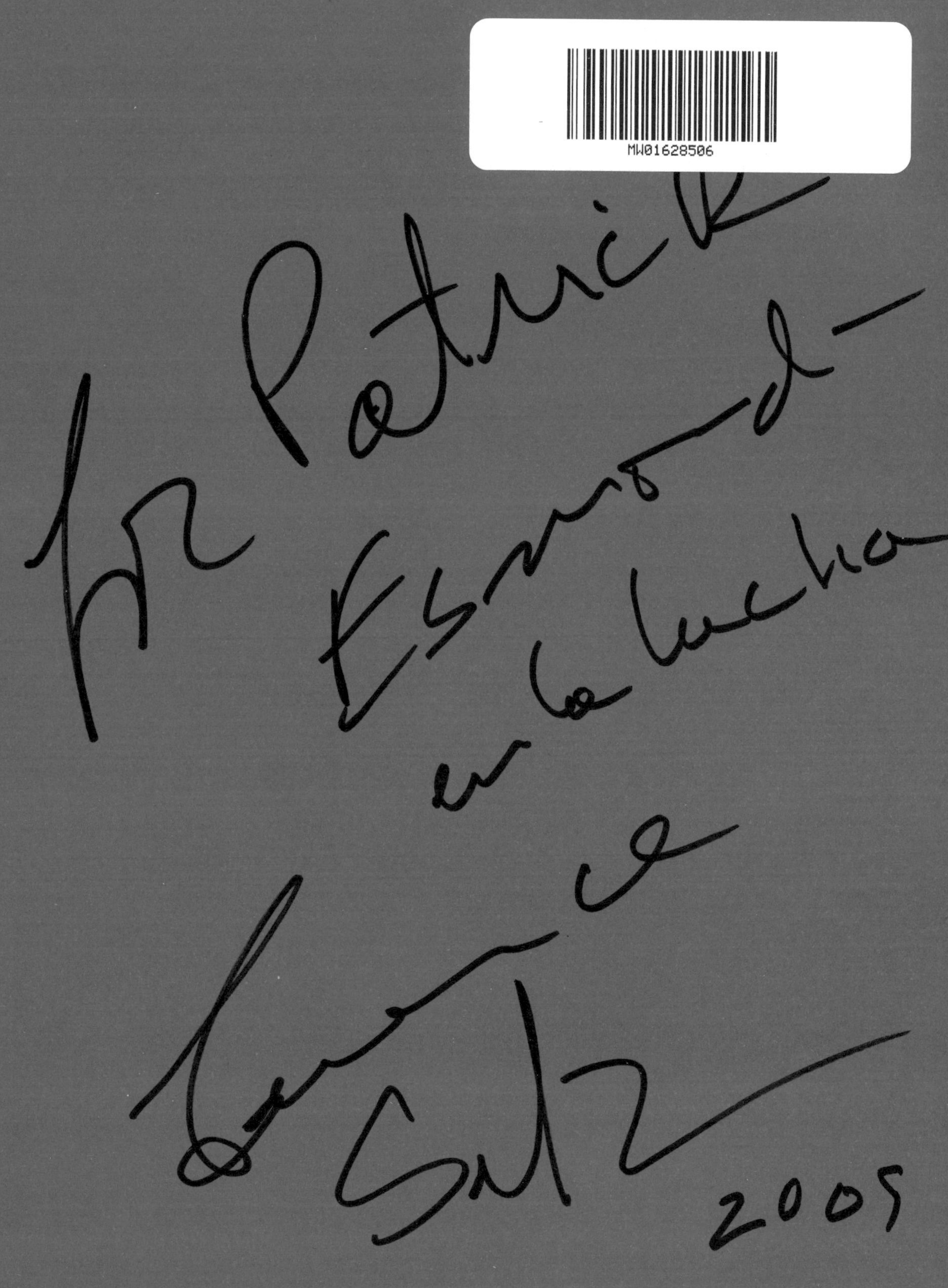
MW01628506
For Patrick
Esmond —
en la lucha
2005

LA LUCHA THE STRUGGLE

LA LUCHA THE STRUGGLE

Laurence Salzmann + Luis el Estudiante

FOTOGRAFIAS / PHOTOGRAPHS   PINTURAS / PAINTINGS

La Lucha/The Struggle

Cover Design Jodi Netzer
Layout Design Aki Shigemori
Production Assistance Regan Gradet
Editorial Assistance:
Aisha O'Connor / Ayşe Gürsan-Salzmann / Enrique Sacerio-Garí

First Edition 2007

Cataloging Data
Laurence Salzmann, 1944-
La Lucha/The Struggle, 1st edition.

ISBN 9780960392452
1. Photography 2.Cuban Art 3. Latino Culture 4. Sports 5. Anthropology

Preface by Antonio José Ponte
Photographs and text by Laurence Salzmann
Paintings by Luis el Estudiante

A Blue Flower Book
Philadelphia

Library of Congress Control Number (LCCN): 2006907773
Printed in China by Oceanic Graphic Printing

Contents

El que lucha triunfa.
He who struggles succeeds.

"In collaboration with Santiago de Cuba artist Luis el Estudiante, [photographer Laurence Salzmann] has created a book which reminds us that no one is an island, that we are all parts of a whole. *La Lucha/The Struggle* confirms that the human endeavor to create transcends senseless political decisions."

HARRY BELAFONTE
NEW YORK, 2007

LA LUCHA THE STRUGGLE

This is a book of photographs and paintings of Cuban youth culture. The black-and-white photographs by Laurence Salzmann depict the training of wrestlers in the city of Santiago de Cuba. The group is composed of young men from 8 to 18 years old, preparing to become professional athletes.

These photographs capture a sense of tension mixed with playful enthusiasm, in which there is a fusion of wiry bodies in continuous interaction. The brown faces, curly dark hair and shining eyes match the intensity of the wrestlers' movements.

Salzmann has included in this book the paintings of Luis el Estudiante who is an internationally known Cuban artist living in Santiago de Cuba. In his paintings the monochromatic range of colors entices the eye with almost the same intensity as his brilliant color palettes.

Salzmann's photographs transcend cultural barriers; they are statements for people of all ages and cultures. Salzmann and Luis el Estudiante, artists from different worlds, unite in this book to reveal the marvelous nature of human solidarity.

Ayşe Gürsan-Salzmann and Luisa María Ramírez Moreira
Philadelphia/Santiago 2007

Este es un libro de fotografías y cuadros de la cultura de la juventud cubana. Las fotografías (en blanco y negro) de Laurence Salzmann muestran el entrenamiento de los luchadores en la ciudad de Santiago de Cuba. El grupo se compone de jóvenes, de edades entre 8 y 18 años, que se preparan para ser deportistas profesionales.

Las fotográficas captan un sentido de tensión, mezclado con entusiasmo juguetón, en que hay una fusión de cuerpos, enjutos y fuertes, en continua interacción. Sus caras morenas, y ojos brillantes concuerdan con la intensidad de sus movimientos.

Salzmann ha incluido en este libro las pinturas de Luis el Estudiante, artista de reconocido prestigio internacional que vive en la ciudad de Santiago de Cuba. En algunas de sus obras, Luis apela a una gama monocromática que atrae el ojo con la misma intensidad que sus paletas brillantes.

Las fotografías de Salzmann casi trascienden las barreras culturales; son testimonios para personas de todas las edades y culturas. Salzmann y Luis el Estudiante, artistas de mundos diferentes en este libro se unen para revelar la maravillosa naturaleza de la solidaridad humana.

IN THE STRUGGLE

Translated by Lillian Guerra

Laurence Salzmann tends to photograph masculine environments; worlds of men. One of his earlier works depicted a public bath for men in Romania; his latest work, on whose images I now comment, shows us an athletic school for wrestling in Santiago de Cuba.

The Romanian bath which Salzmann's images invited us to see was the only one in the city (and possibly the country) that remained open for business. Its walls, benches and floor spoke of its decrepitude, of how near to closing permanently the place actually was. And yet, so many Jewish men of all ages steeping in the steam could not help but awaken the notion that it was not just a public bath that Salzmann's lens had captured, but a crematorium. So many Jewish men crammed into one place hinted at the potential for disaster, for tragedy.

Similarly, these images of *La Lucha/The Struggle* take place in what appears to be an abandoned industrial plant. Lackluster and chipped floors, bare bricks clinging to nothing but air, naked metal structures from which young boys hang unexpectedly, all attest to a difficult, crude, rough-and-tumble world filled with friction and conflict. Laurence Salzmann has managed to document the learning phase of young boys who are members of a tribe, the period in which the young tribesman in Santiago de Cuba learn the art of war. They prepare for battle, but the battle is a sport.

Over the last several decades, Cuba has gained a reputation for cultivating medal-winners in two styles of amateur wrestling: free and Greco-Roman wrestling. The Cuban wrestling team blew away the competition in almost all events at the Panamanian Championships recently held in Santo Domingo, the Dominican Republic. (The U.S. team had won the same title the year before).

Like other socialist regimes, the Cuban government has made amateur sports an arm of the state. It has established sports schools, and managed to elevate the significance of sporting competitions to the metaphoric dimension of a war fought between national states. As a result, sport becomes a pantomime of war, a supremely cold kind of war.

A government that is as committed to demonstrating its achievements as that of Cuba (socialist governments are particularly obsessed with claiming the mantle of justice for themselves) finds in sport a fertile field for making such demonstrations. And it is not a coincidence that boxing and wrestling were highly privileged sports during these years, because boxing and wrestling allude naturally to the idea that they might be metaphors for warfare.

To be "in the struggle" is, in Cuban popular culture, to find oneself struggling for economic survival, for securing one's subsistence. "Here, in the struggle," we often respond when someone asks how things are going. (There is even a diminutive version of the phrase that seeks to gloss over the importance that any of the difficulties we encounter may have: *En la luchita*, or "in the little struggle"). To be in the struggle is synonymous with finding oneself caught up in the search for a way of life.

To say that one is engaged in that search, in that invention, in that strategizing, are all manners of saying the same thing: namely, that we are all caught up in the process of asserting our composure and astuteness against a backdrop of desperation. And in the midst of that desperation emerges as well the popular suggestion that we repeat to one another on a regular basis: *no cojas lucha*, or "don't choose the struggle". That is, don't despair, don't agonize more than you need to, take things lightly if you're going to take them at all.

The young men and boys that Laurence Salzmann has photographed in a sports school of Santiago de Cuba learn to struggle, they enter in the struggle, they become part of it, they choose the struggle. Out of his interest in what the human species may be about, in what man can be about when he is part of a group, in what his social behaviors may be, his tribal and organizational rites, Laurence Salzmann has chosen, once again, the struggle. He is, like the people he photographs, in the struggle.

ANTONIO JOSÉ PONTE
HAVANA, CUBA, 2007

EN LA LUCHA

Laurence Salzmann acostumbra a retratar ambientes masculinos, mundos de hombres. Un trabajo suyo anterior nos muestra un baño público para hombres en Rumanía, las imágenes para las que escribo estas palabras una escuela de lucha deportiva en Santiago de Cuba.

El baño rumano de aquellas imágenes de Salzmann era el único en toda la ciudad [y tal vez en el país] que aún seguía abierto. Las paredes, los bancos y el piso hablaban de la decrepitud del lugar, de lo pronto a cerrar sus puertas que el establecimiento se encontraba. Y tantos hombres judíos de todas las edades metidos en el vapor no podían menos que despertar la idea de que no se trataba de un baño, sino de un horno de cremación. Tantos hombres judíos apiñados parecían prestos para el desastre, la tragedia.

De igual modo, estas imágenes de *La Lucha/The Struggle* ocurren en lo que parece una nave industrial abandonada. Pisos sin pulir y agrietados, ladrillos al aire, estructuras metálicas desnudas de las que se cuelgan los muchachos, aluden a un mundo difícil, crudo, rugoso, lleno de fricciones. Laurence Salzmann ha conseguido documentar el período de aprendizaje de los hombres jóvenes (niños aún) de una tribu, el período en que los jóvenes de una tribu en Santiago de Cuba aprenden la guerra. Se preparan para un combate, pero el combate es deporte.

Cuba tiene ganada, desde hace algunas décadas, una tradición de medallistas en las dos modalidades de lucha deportiva: libre y grecorromana. La selección cubana de luchadores arrasó con casi todos los títulos en el Campeonato Panamericano recién celebrado en Santo Domingo, República Dominicana. (La selección norteamericana había sido la ganadora en el campeonato anterior).

A semejanza de otros regímenes socialistas, el gobierno cubano ha hecho del deporte una razón de estado. Ha prodigado escuelas deportivas, ha logrado que las competiciones deportivas recuperen su valor de metáfora de la guerra entre estados. El deporte resulta así una pantomima de la guerra, guerra sumamente fría. Un gobierno tan interesado en demostrar sus logros (los regímenes socialistas son obsesivos en declararse como la más justa de las formas de gobierno) encuentra en el deporte campo fecundo para tales demostraciones. Y no es casual que el boxeo y la lucha hayan sido privilegiados durante estos años, porque lucha y boxeo son metáforas muy evidentes de que el deporte alude a la guerra.

Estar "en la lucha" es, en el habla popular cubana, encontrarse luchando por la sobrevivencia económica, procurarse subsistencia. *Aquí, en la lucha...* respondemos cuando alguien nos pregunta qué tal andamos. (Existe un modo diminutivo que resta importancia a las dificultades: *En la luchita*). Estar en la lucha es sinónimo de encontrarse en la búsqueda de un modo de vida.

En la búsqueda, en el invento, en la mecánica, son maneras de expresar lo mismo: el aplomo y la astucia actúando en un medio desesperado. Y de un medio desesperado viene la también muy popular recomendación que nos hacemos unos a otros: *No cojas lucha*. O no desesperarse, no angustiarse demasiado, tomar las cosas más ligeramente.

En una escuela de deportes de Santiago de Cuba aprenden la lucha, entran en la lucha, están en ella, cogen lucha. Laurence Salzmann ha puesto en ellos el mismo interés que puso en los hombres judíos de todas las edades reunidos en un rito de limpieza. Por su interés en qué pueda ser la especie humana, qué pueda ser el hombre cuando se encuentra en grupo, cuáles son sus comportamientos sociales, sus ritos de tribu o de asociaciones, Laurence Salzman ha cogido, otra vez, lucha. Está, como la gente que él retrata, en la lucha.

ANTONIO JOSÉ PONTE
LA HABANA, 2007

"La sangre es un mar inmenso"

La sangre es un mar inmenso
que baña todas las playas...

Sobre sangre van los hombres,
navegando en sus barcazas:
reman, que reman, que reman,
¡nunca de remar descansan!

Al negro de negra piel
la sangre el cuerpo le baña;
la misma sangre, corriendo,
hierve bajo carne blanca.

- Nicolás Guillén

"Blood is an immense sea"

Blood is an immense sea
that bathes all shores...

Over blood men travel,
navigating on their barges:
rowing and rowing and rowing,
never resting from their rowing!

Blood bathes the black-skinned
bodies of black men;
that same blood seethes,
flowing, beneath white skin.

- Nicolás Guillén

Translated by Enrique Sacerio-Garí

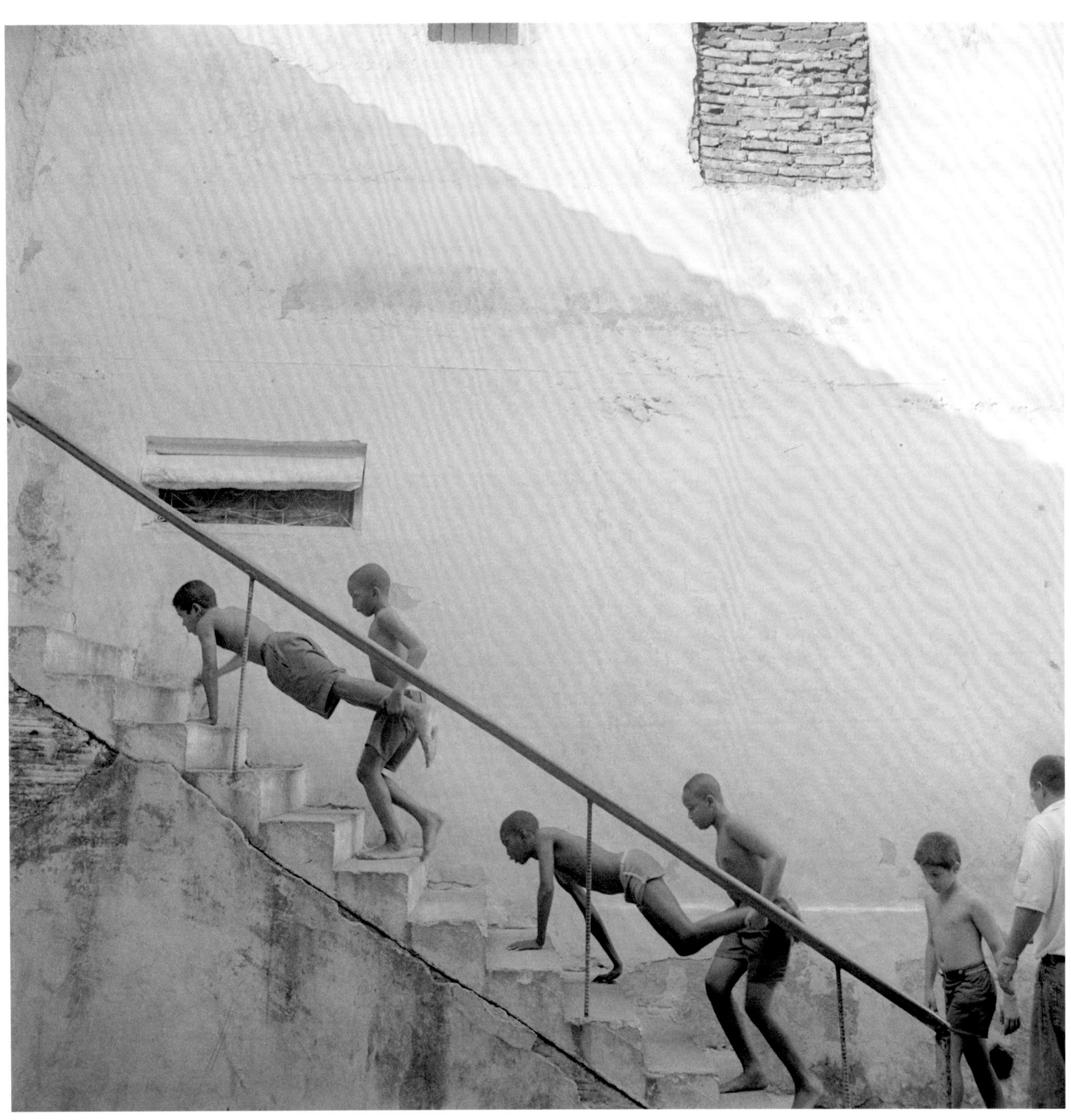

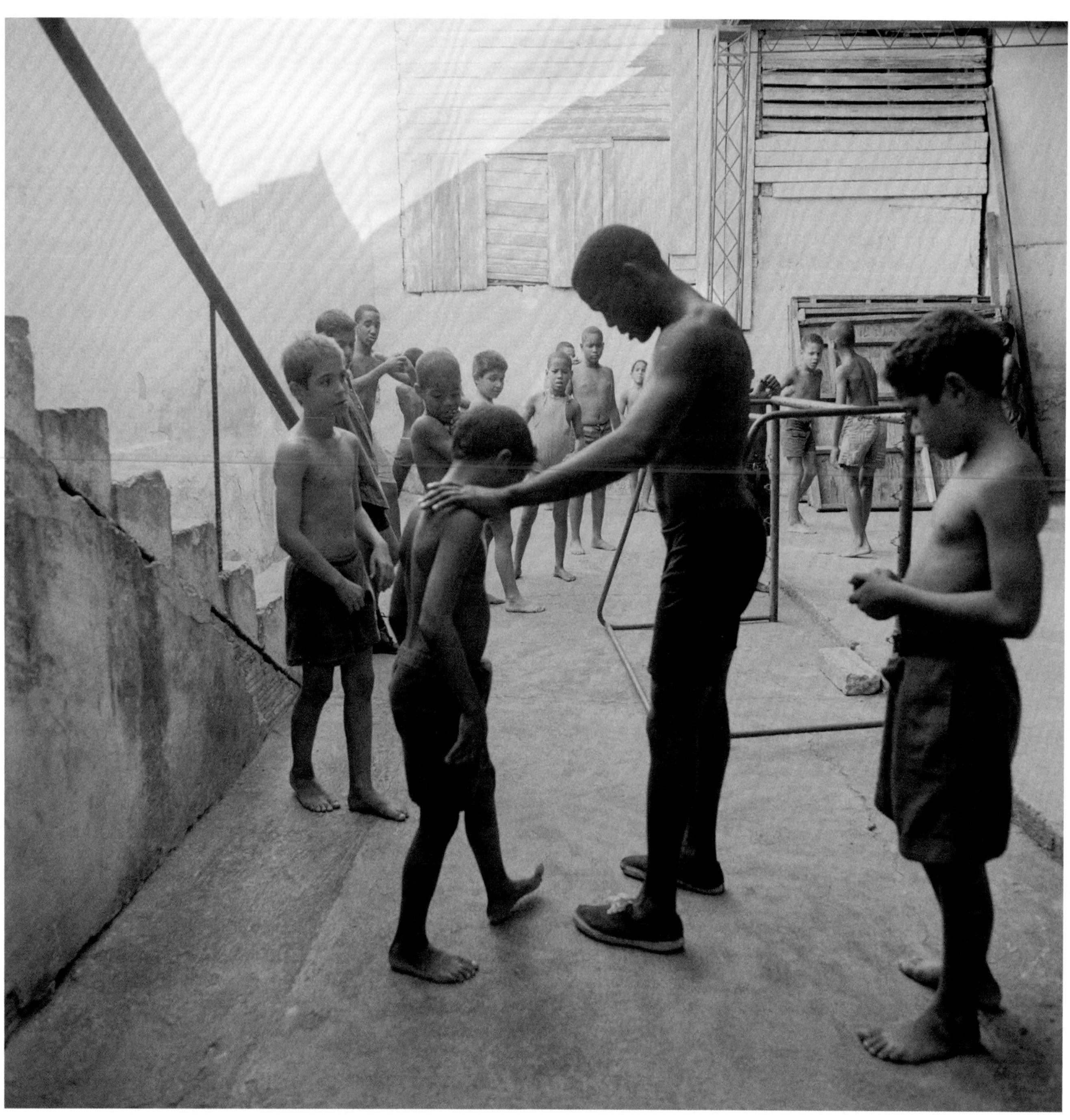

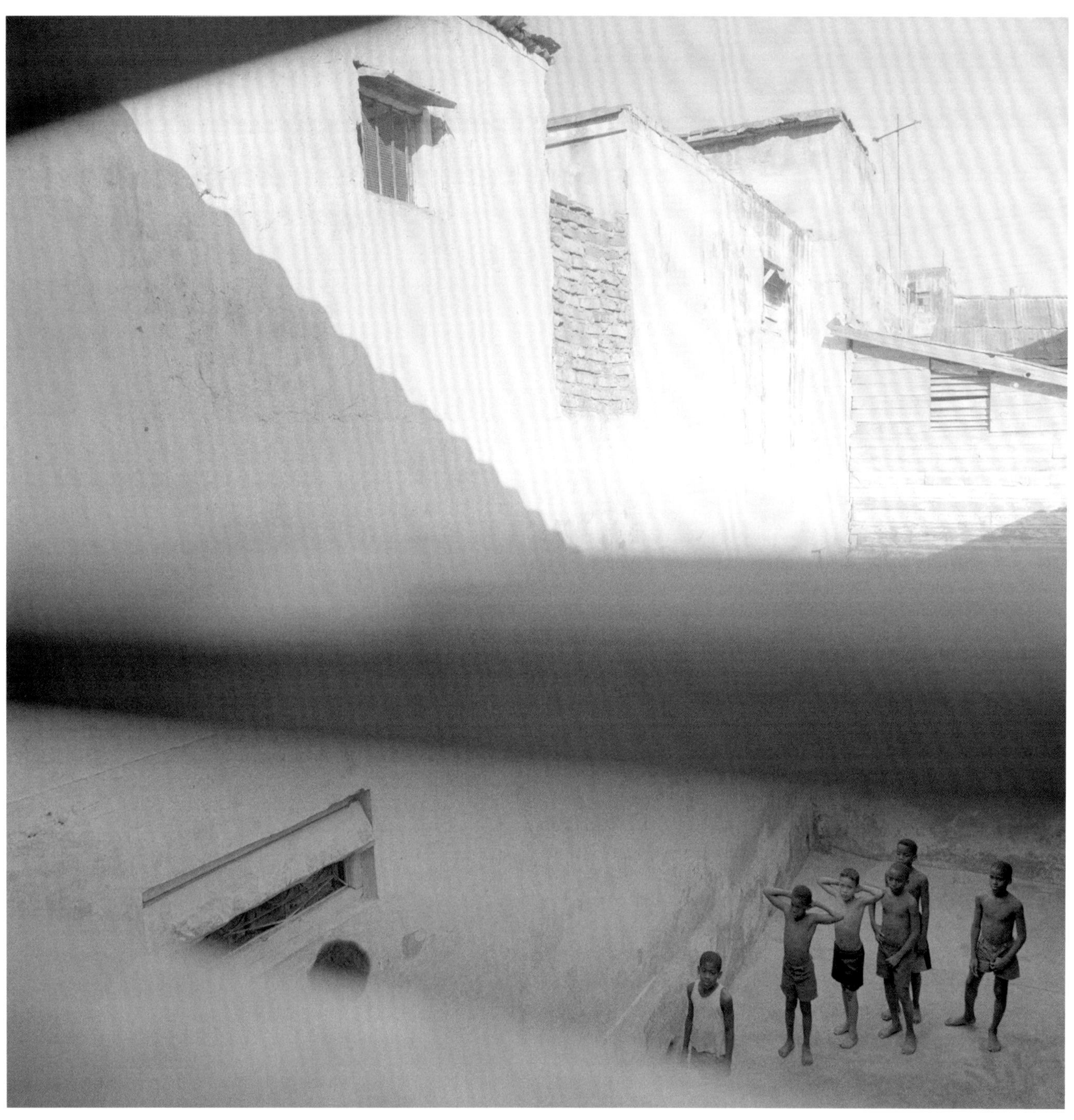

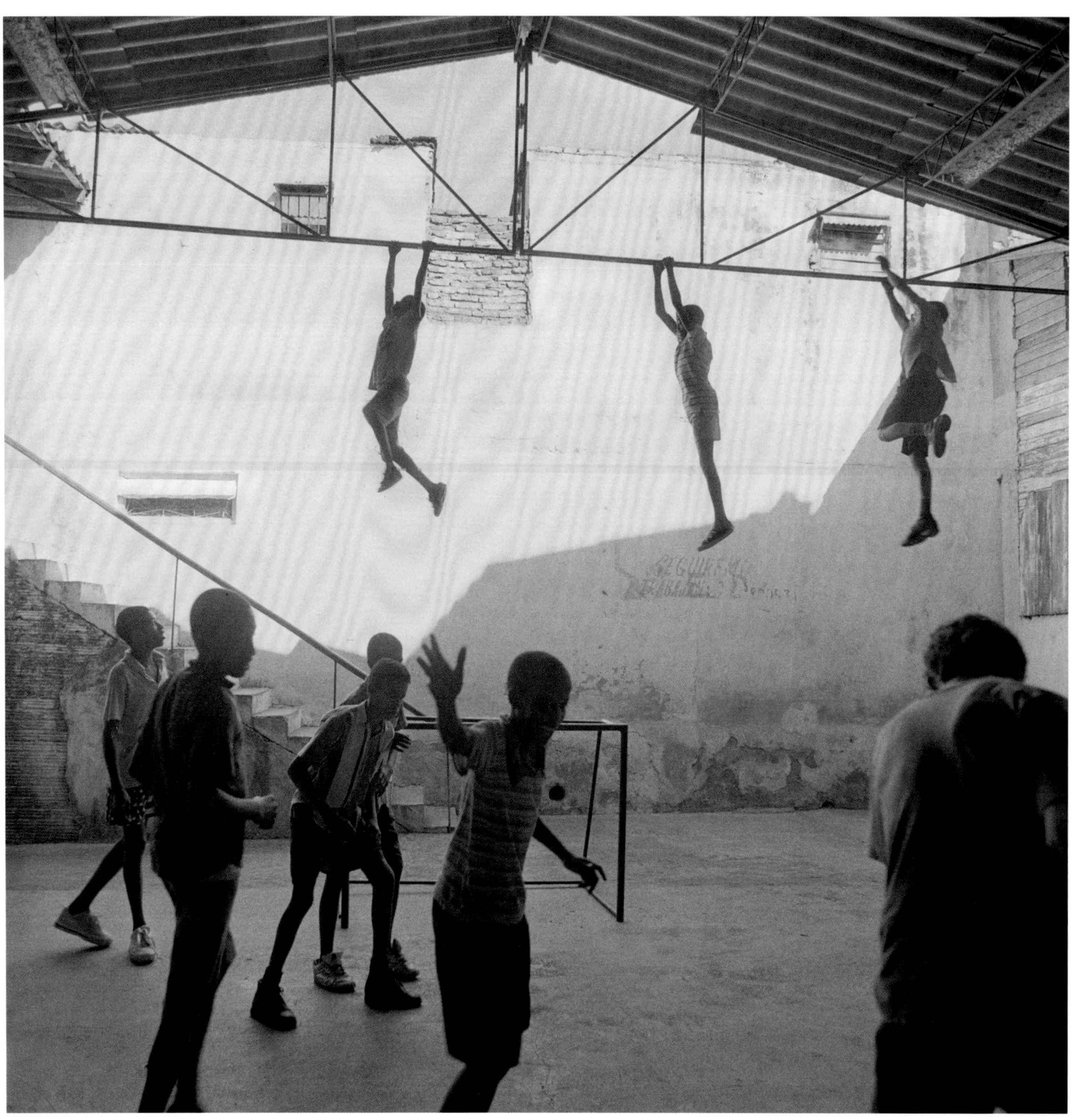

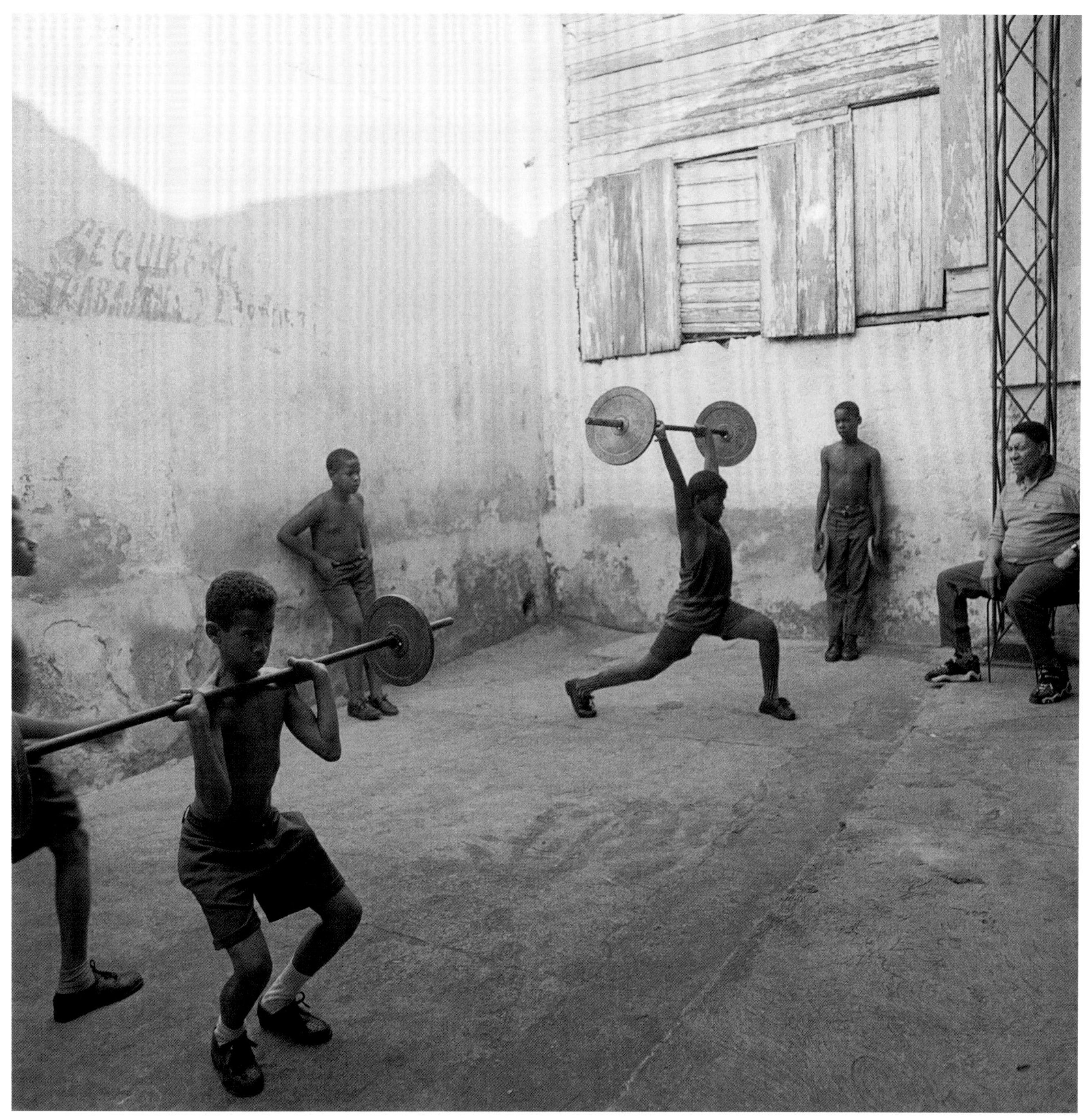

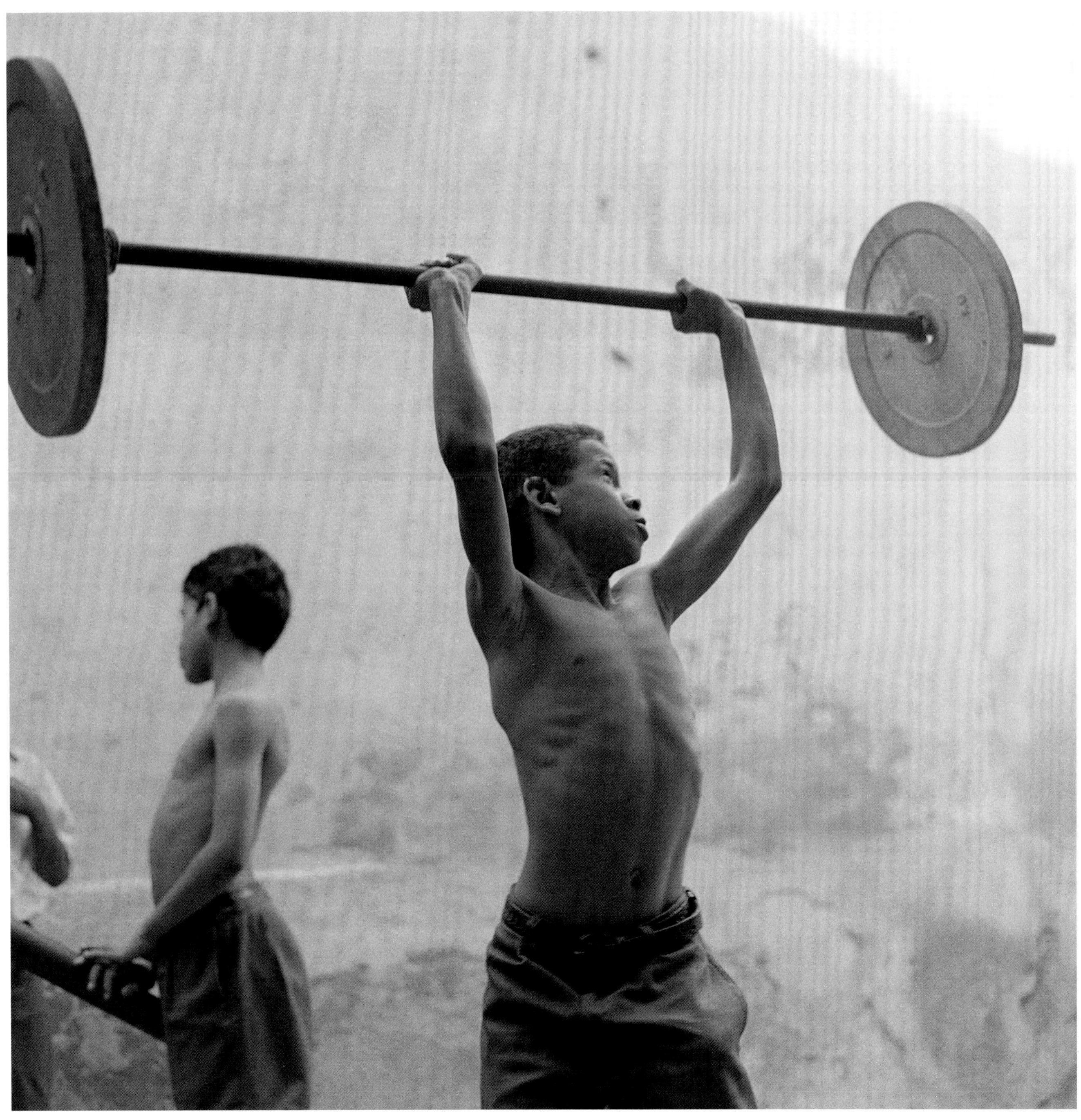

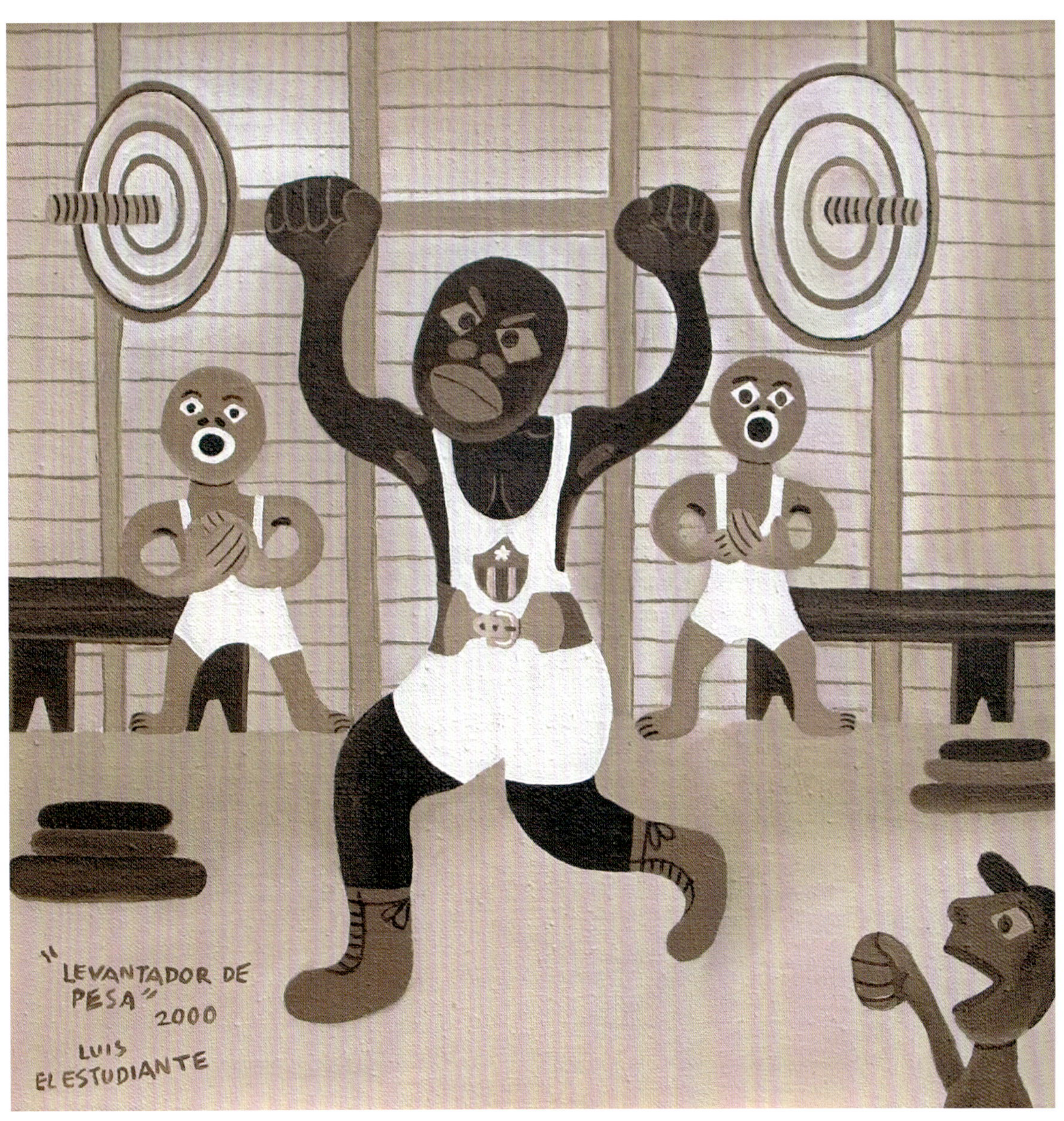
"LEVANTADOR DE
PESA" 2000
LUIS
EL ESTUDIANTE

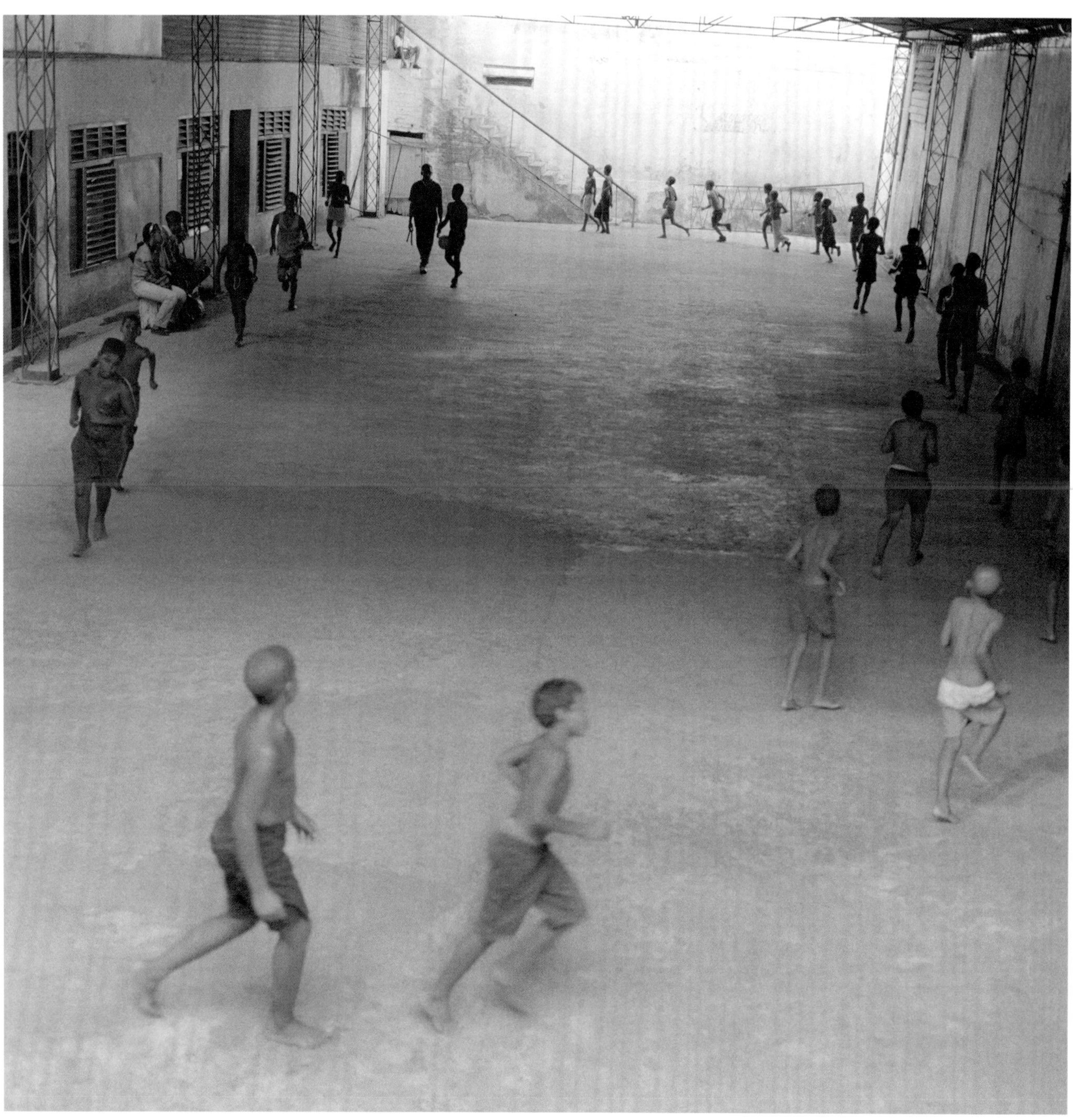

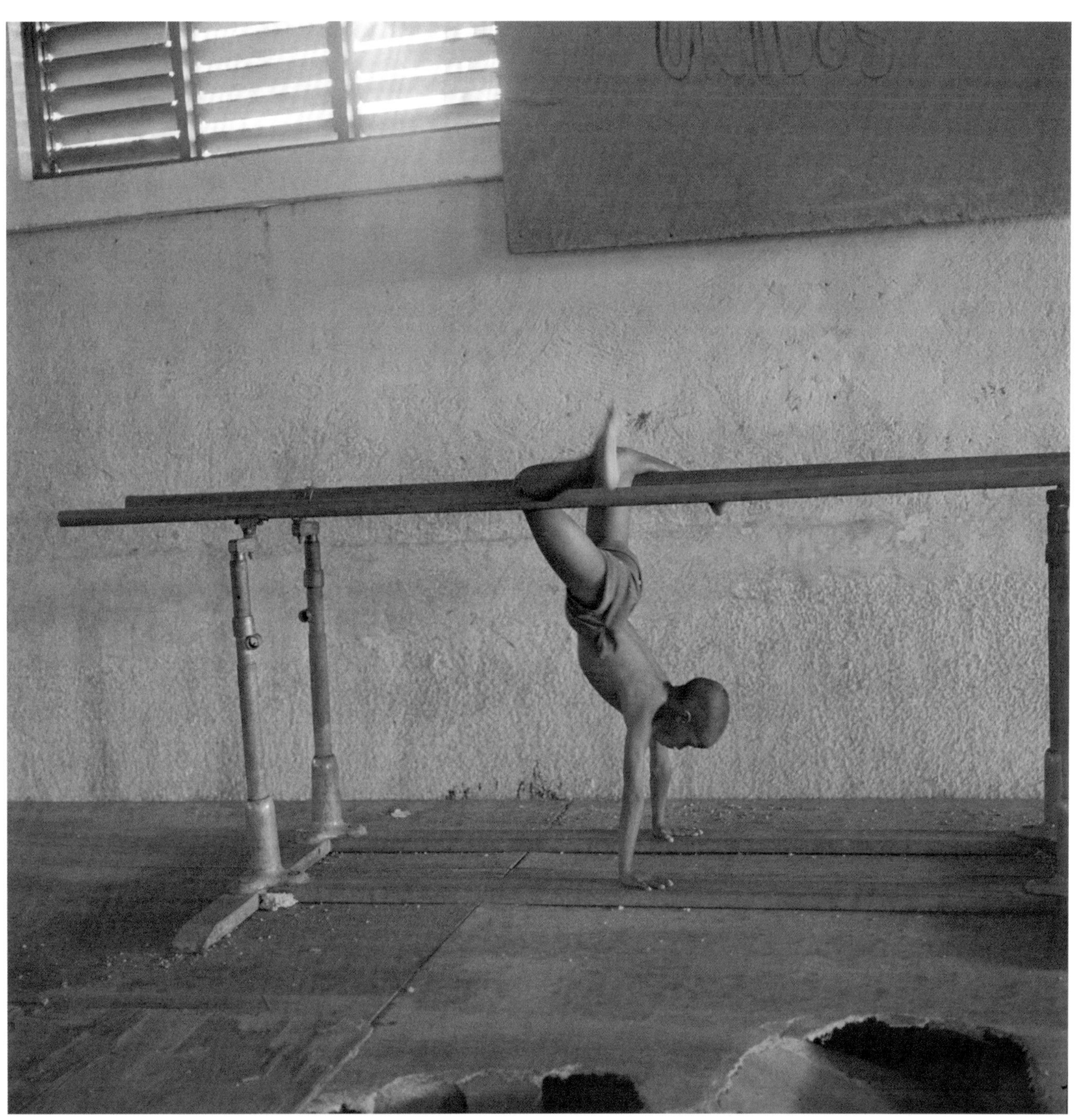

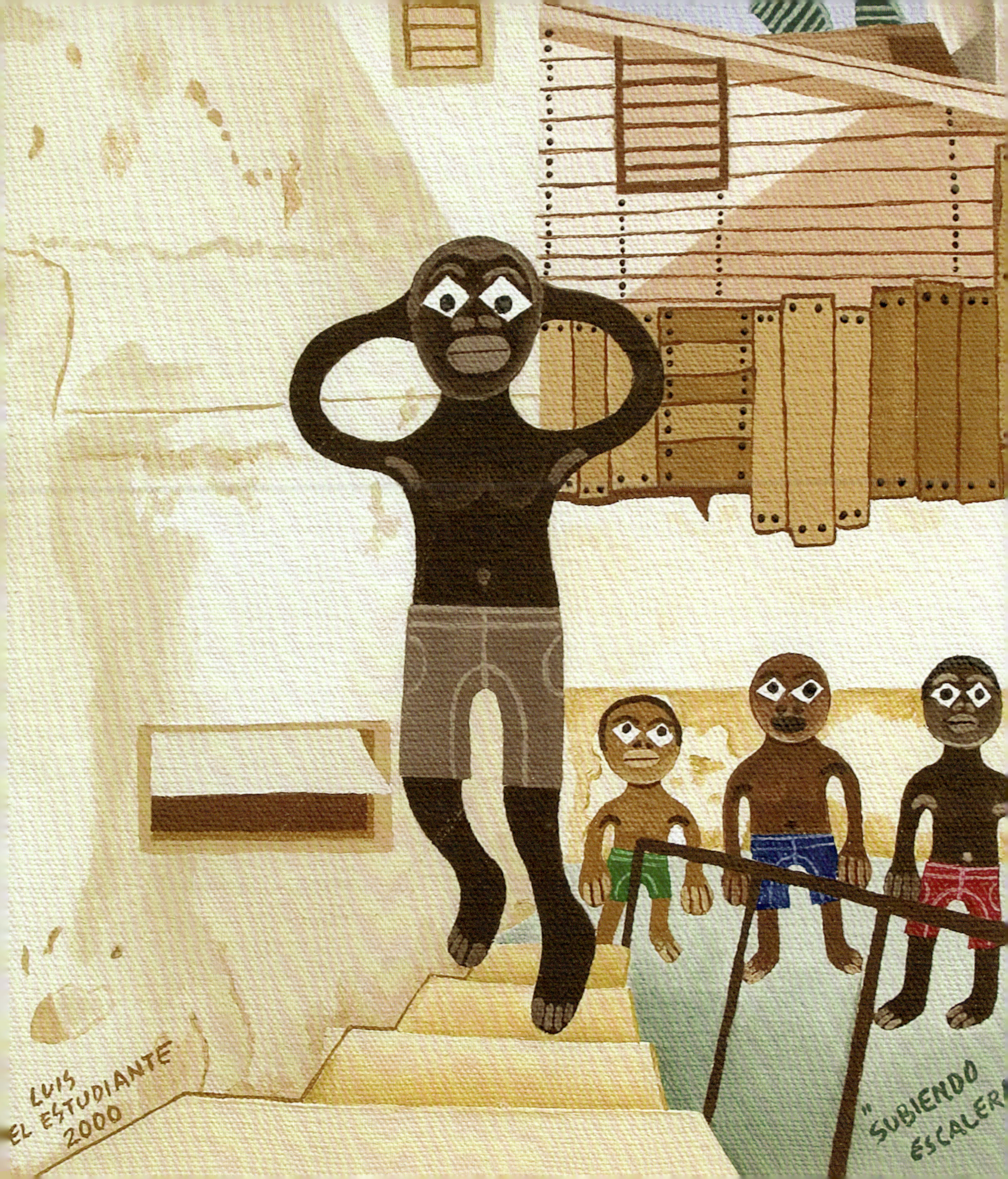
LUIS
EL ESTUDIANTE
2000
"SUBIENDO
ESCALER

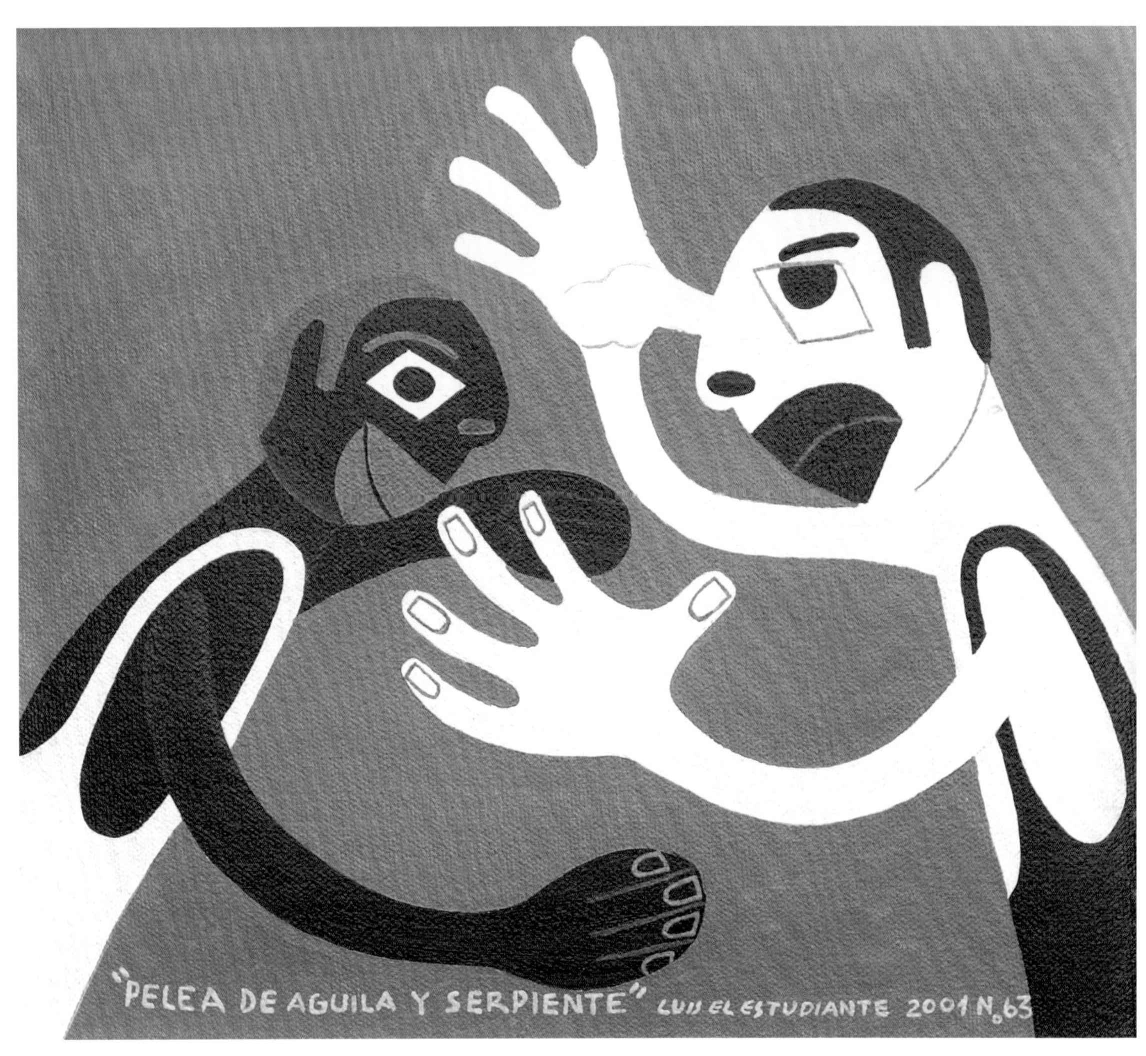
"PELEA DE AGUILA Y SERPIENTE" LUIS EL ESTUDIANTE 2001 N.63

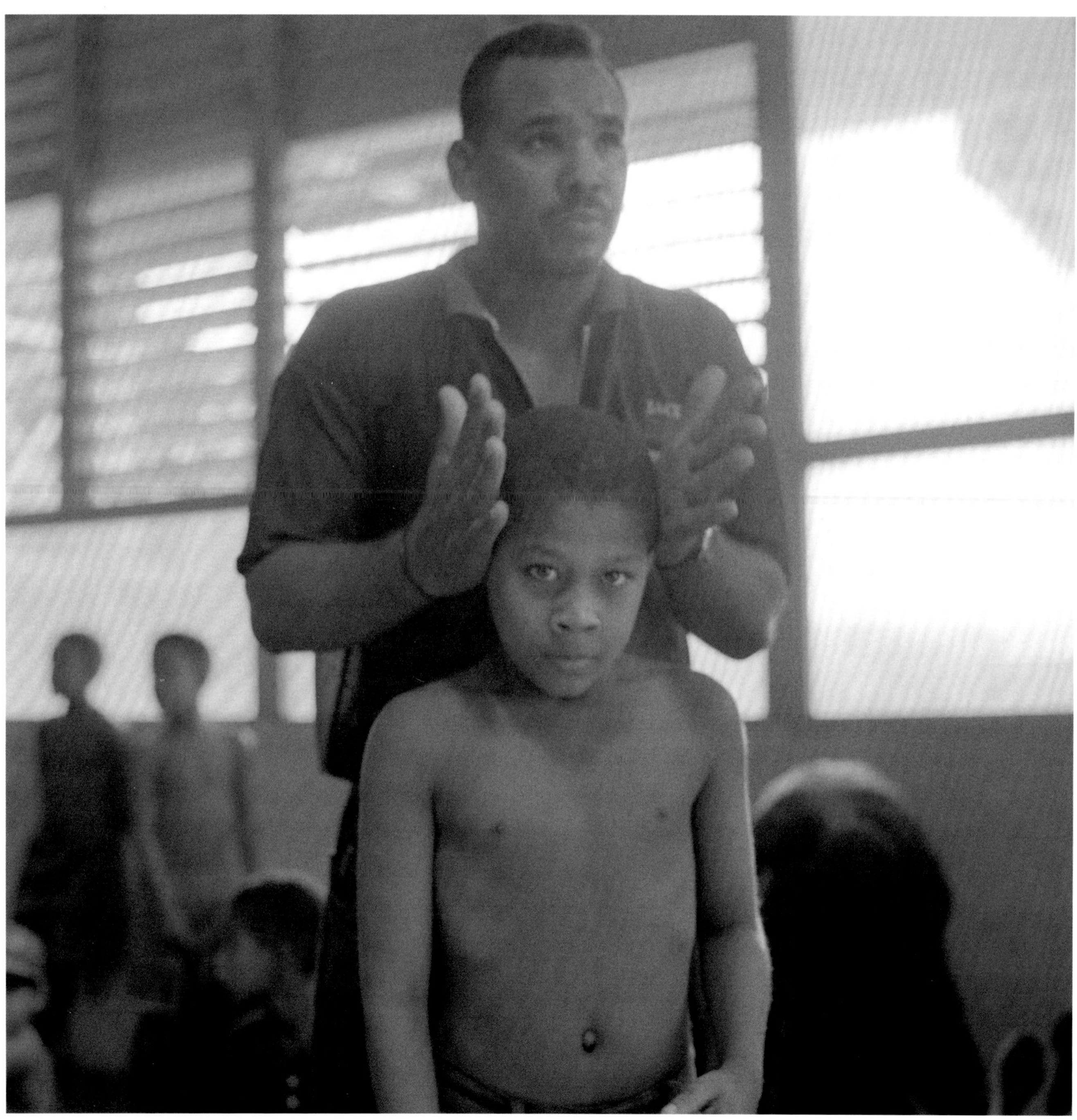

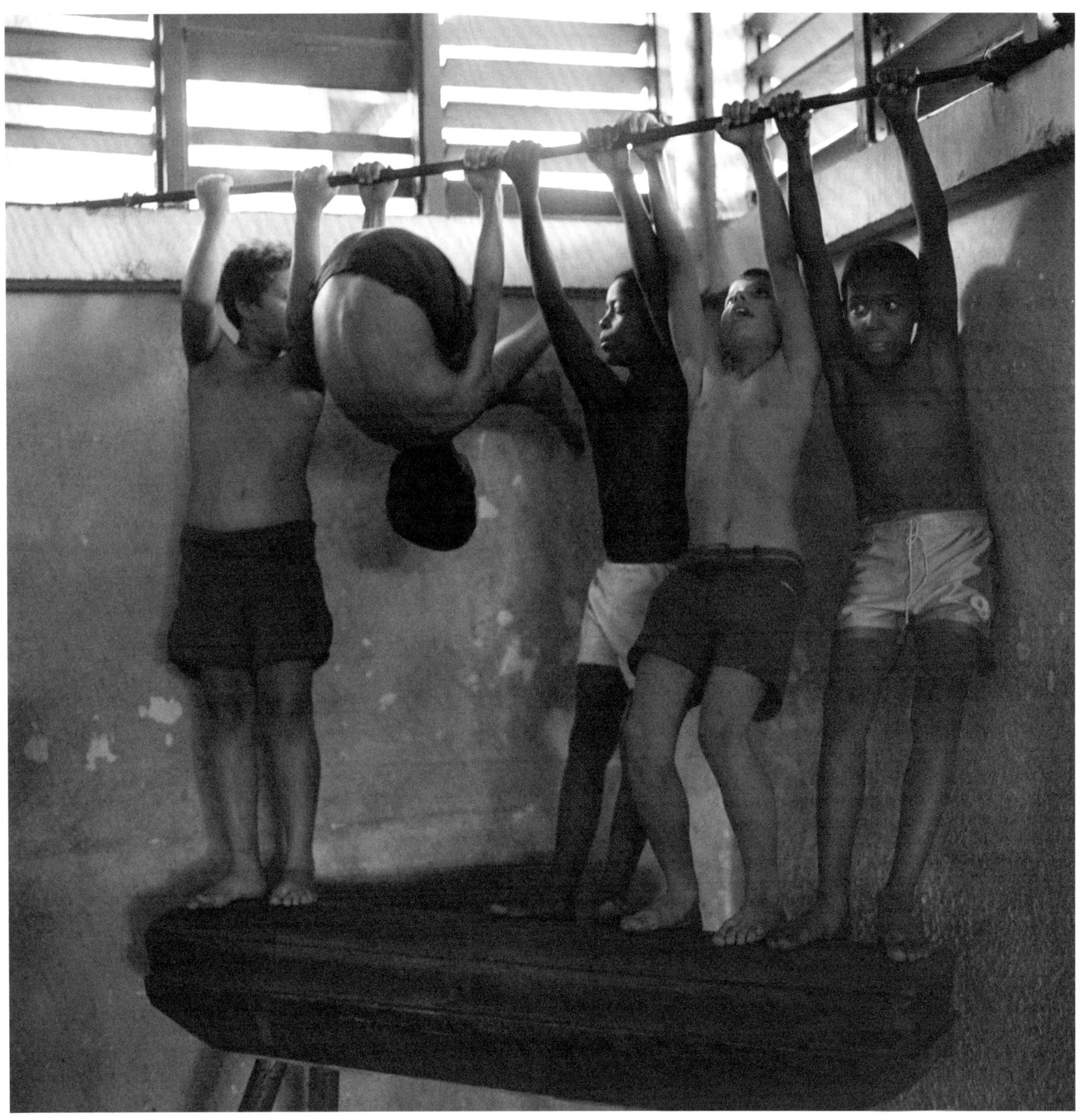

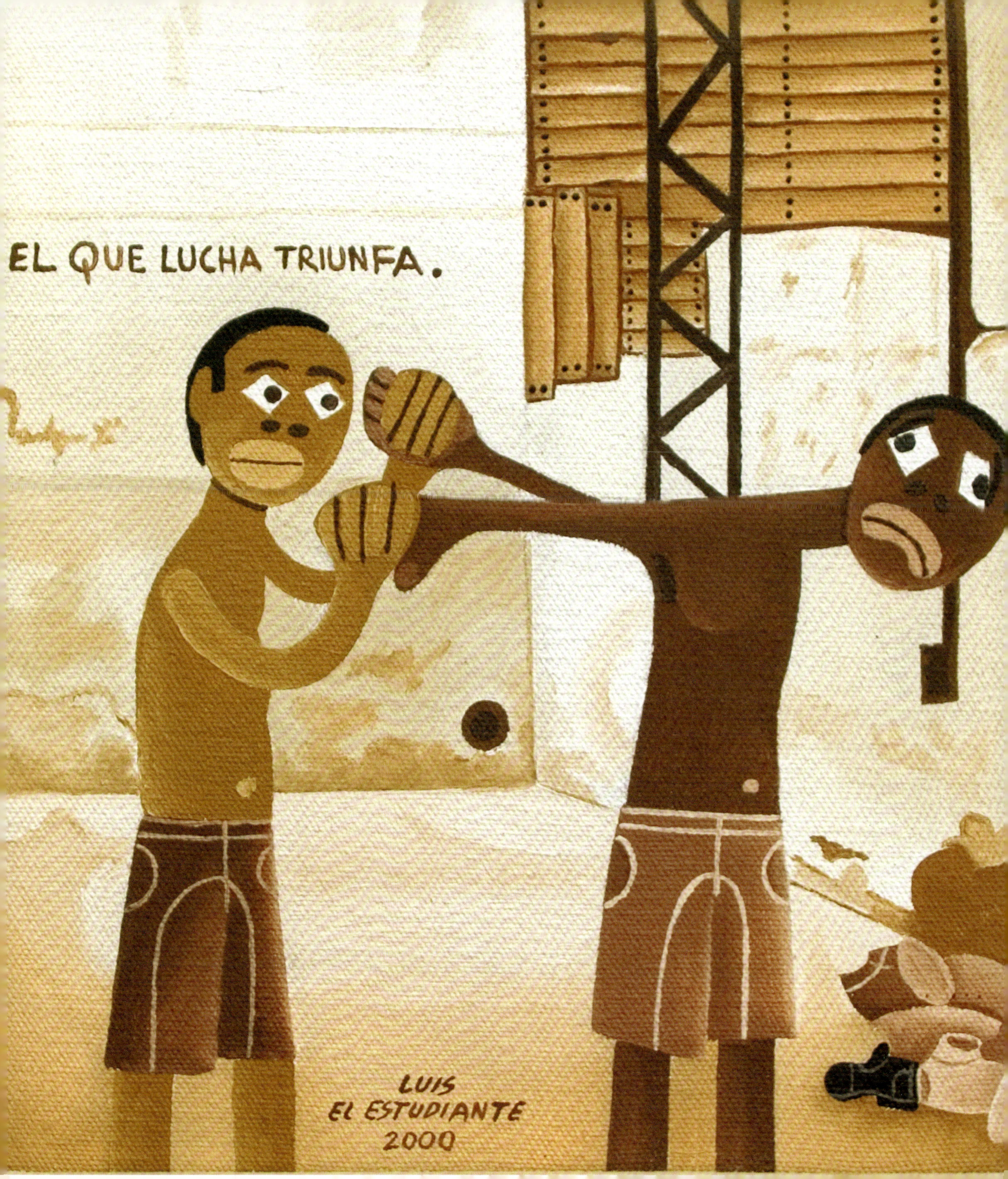
EL QUE LUCHA TRIUNFA.
LUIS
EL ESTUDIANTE
2000

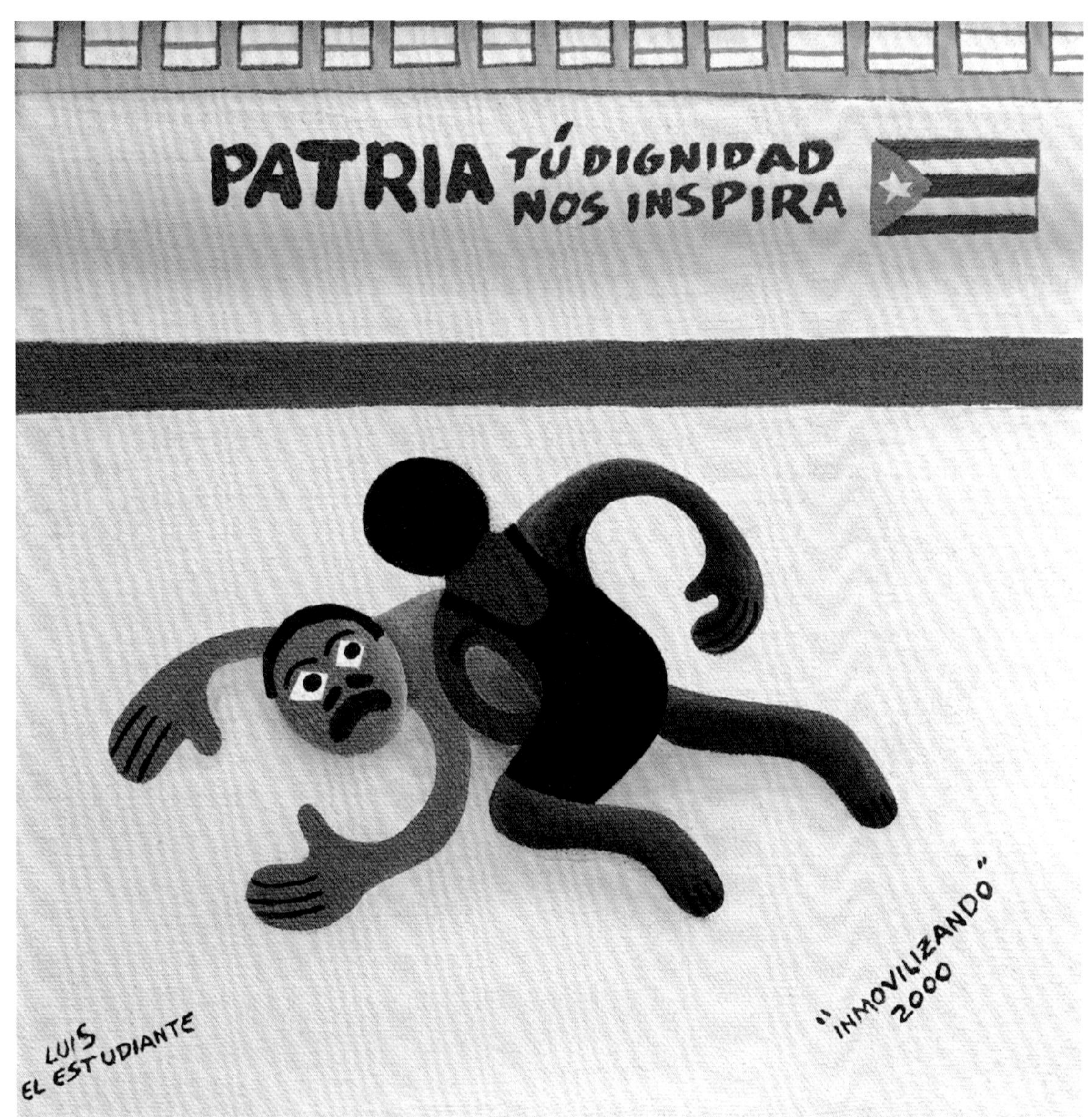
PATRIA TÚ DIGNIDAD NOS INSPIRA
LUIS
EL ESTUDIANTE
"INMOVILIZANDO"
2000

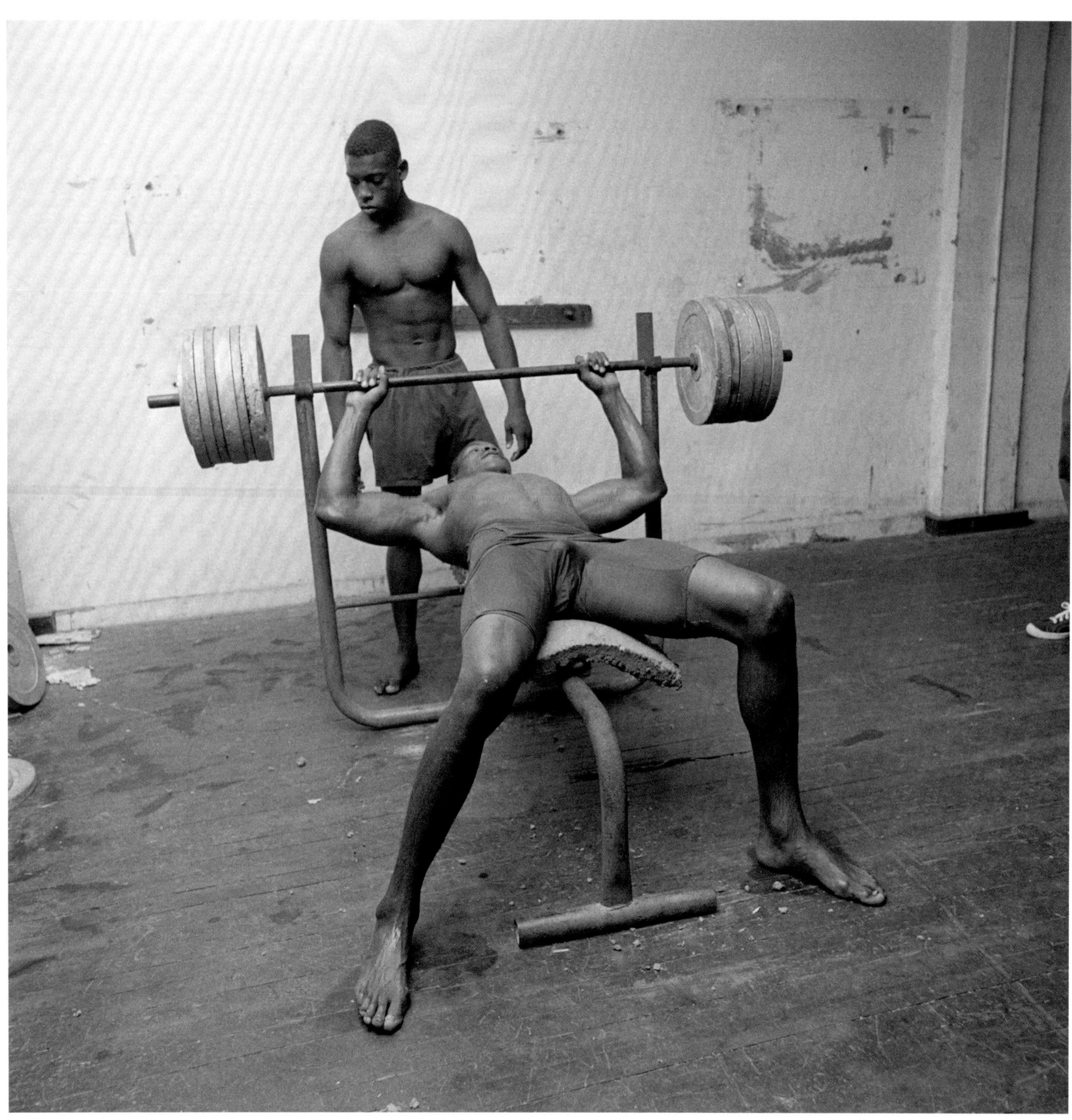

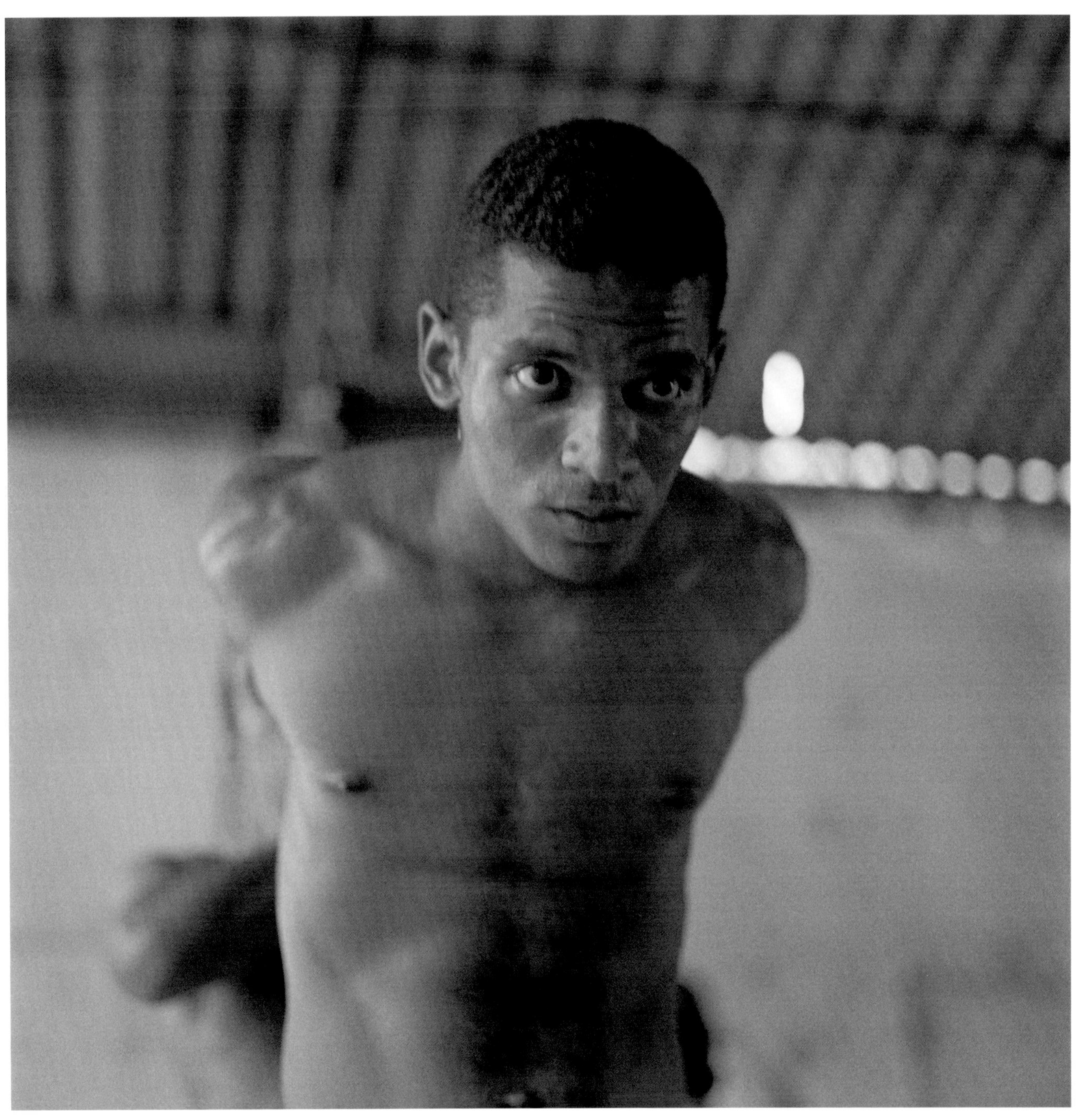

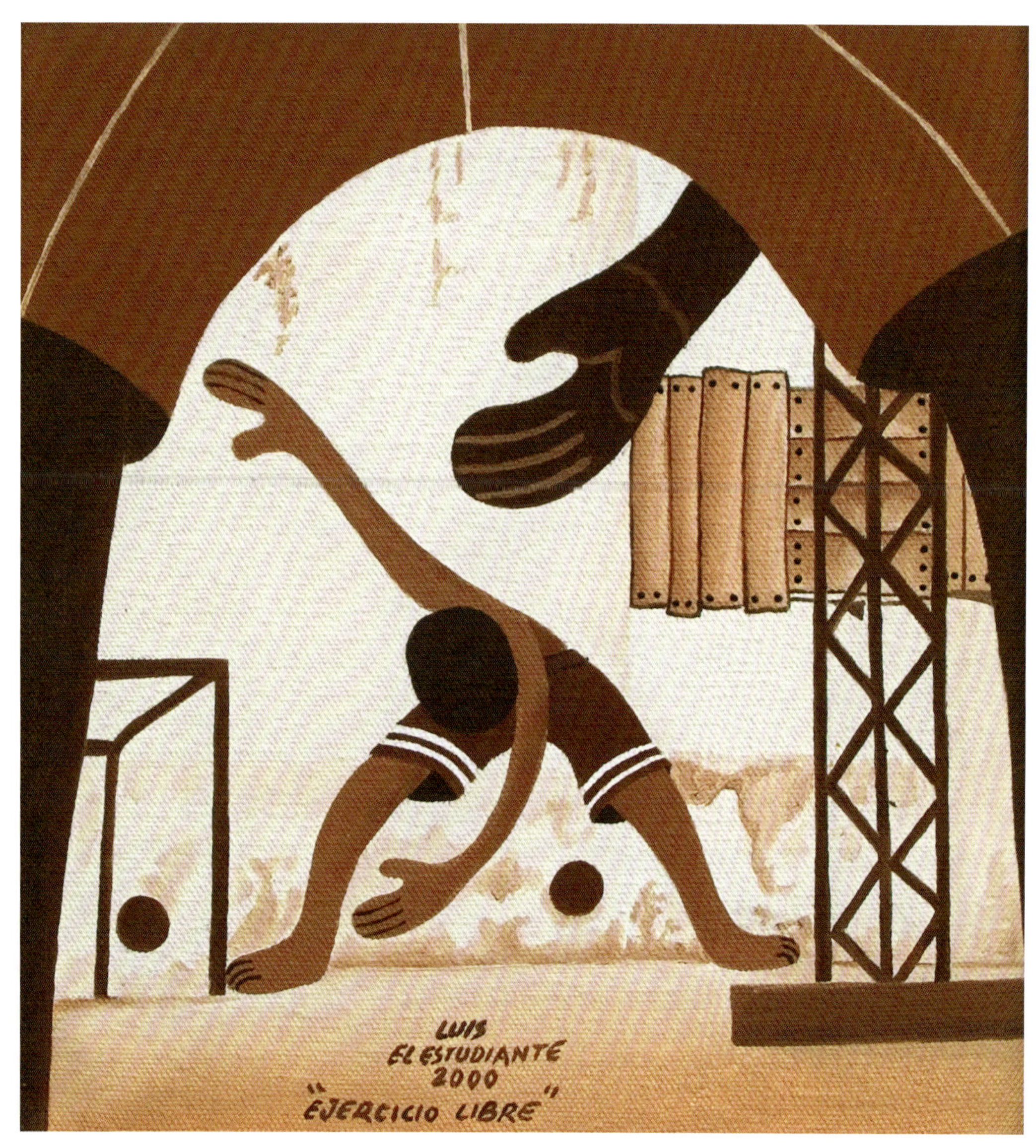
LUIS
EL ESTUDIANTE
2000
"EJERCICIO LIBRE"

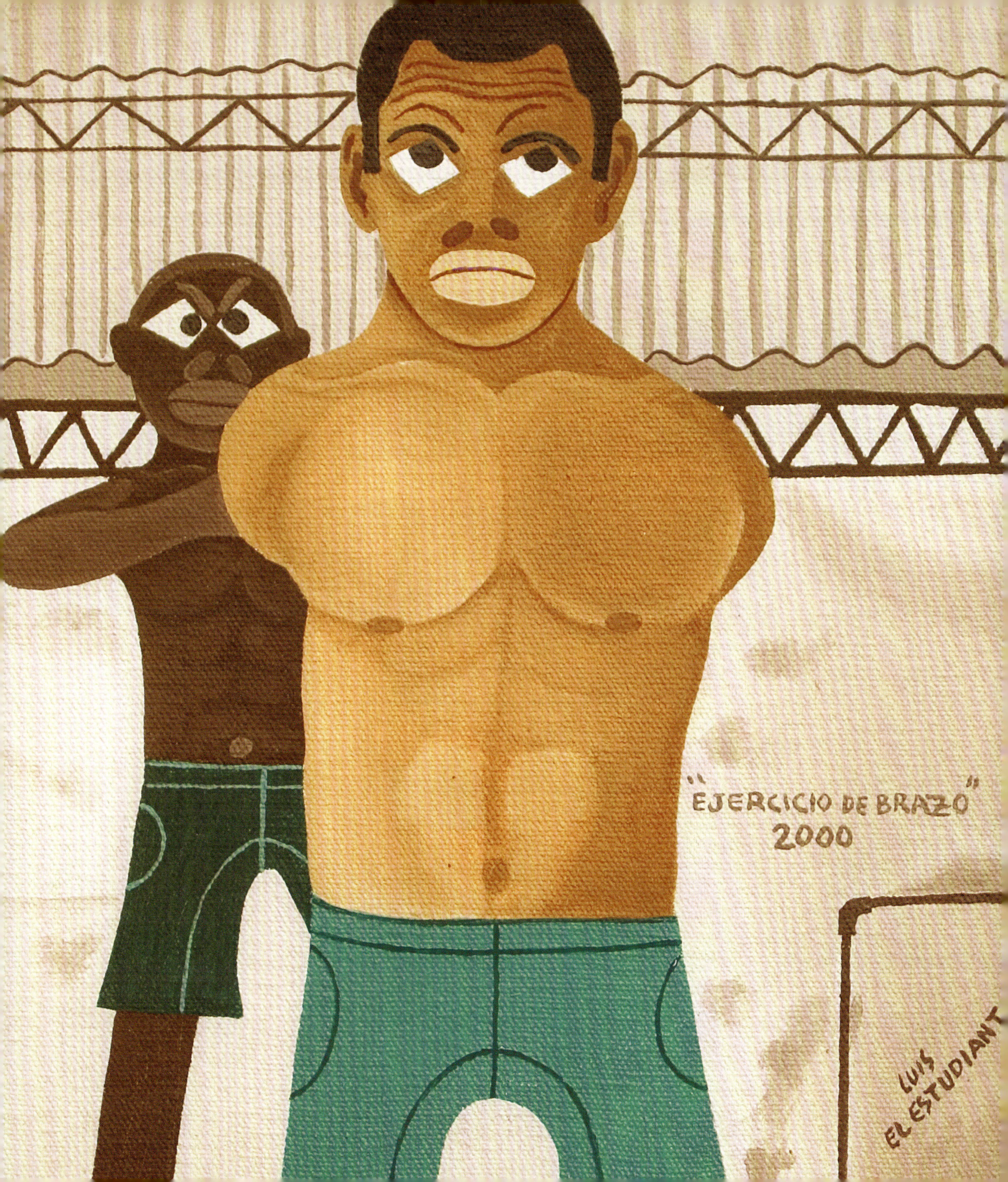
"EJERCICIO DE BRAZO"
2000
LUIS
EL ESTUDIANT

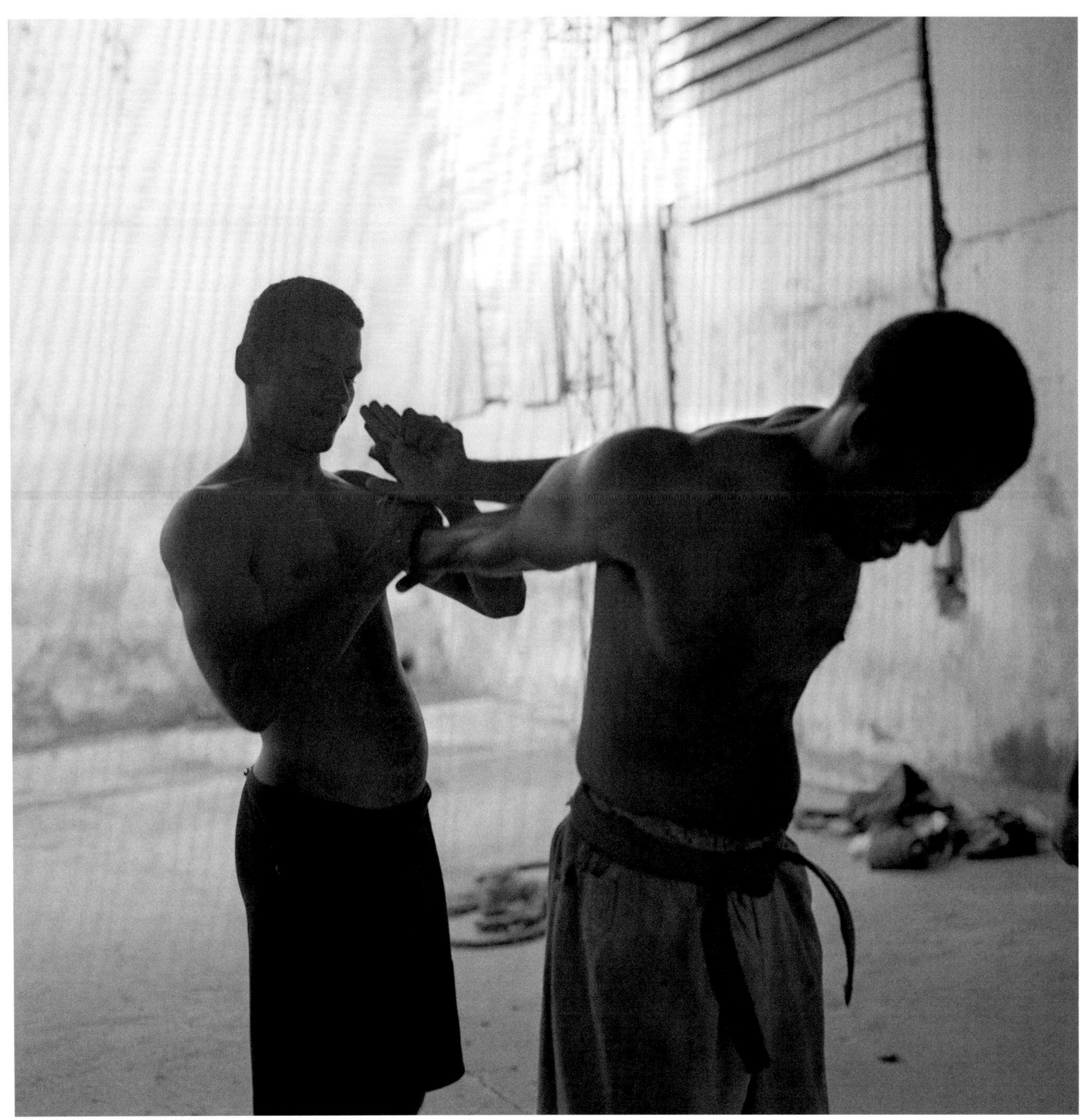

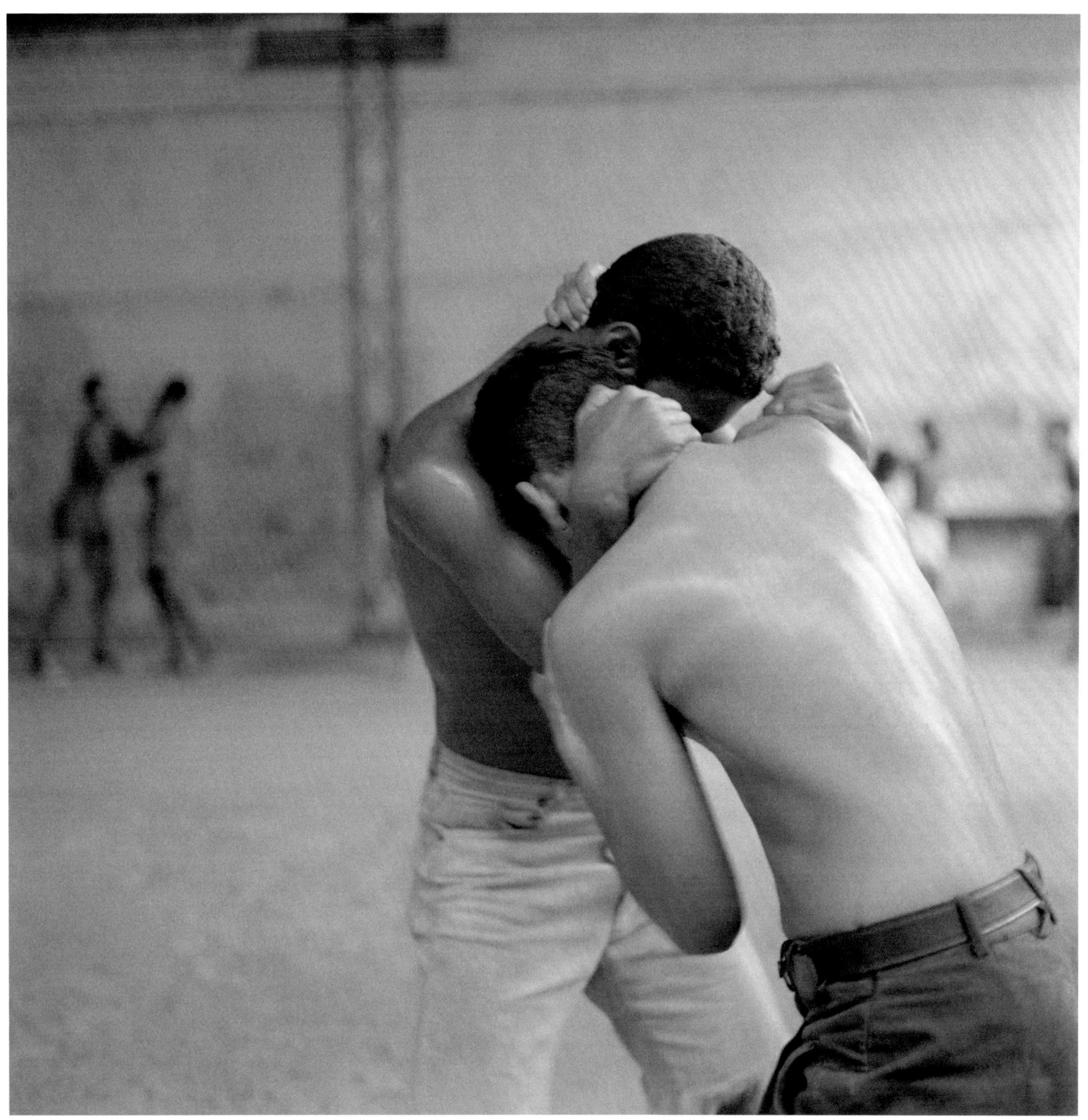

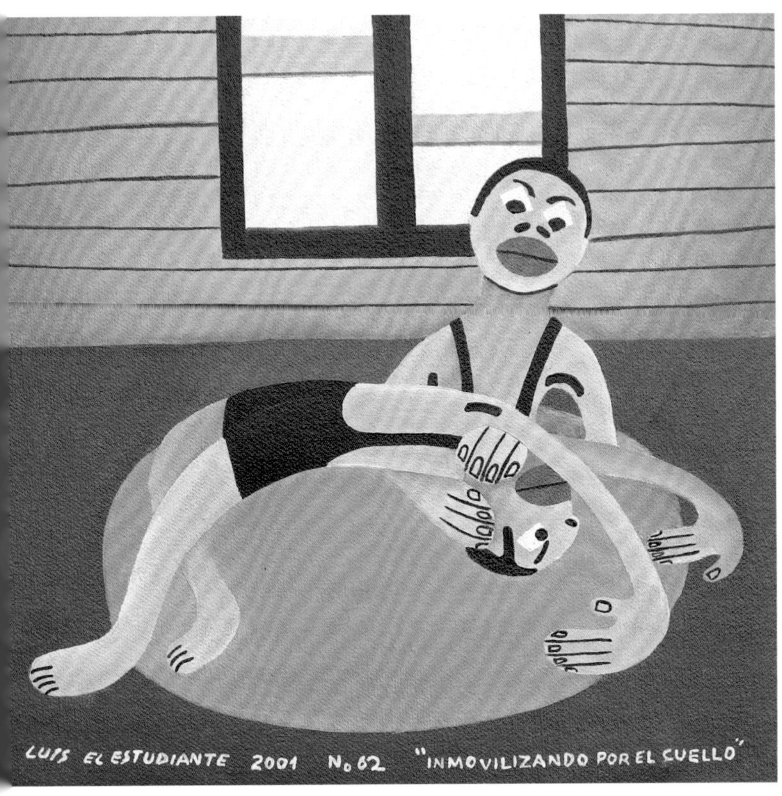
LUIS EL ESTUDIANTE 2001 No 62 "INMOVILIZANDO POR EL CUELLO"

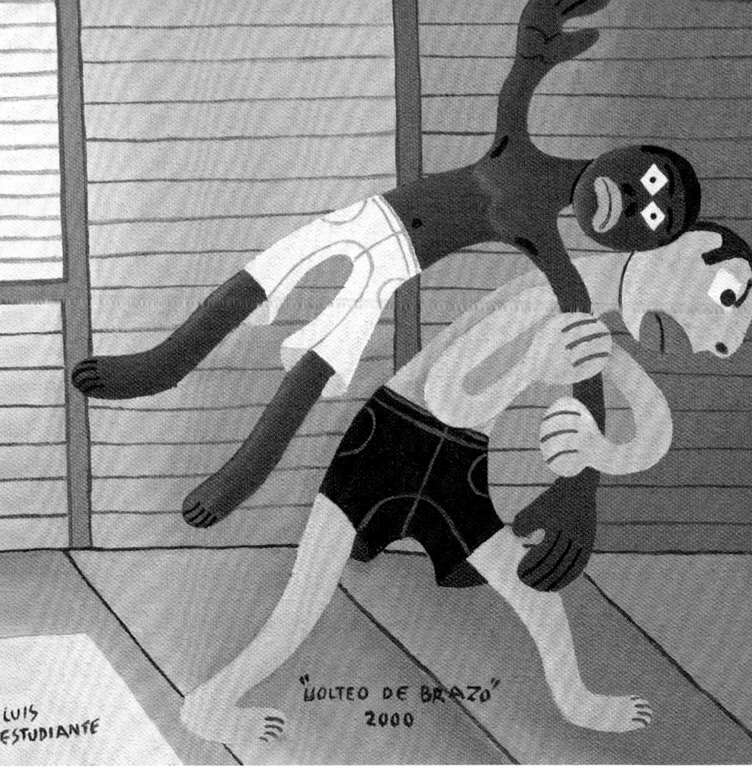
"VOLTEO DE BRAZO"
2000
LUIS
ESTUDIANTE

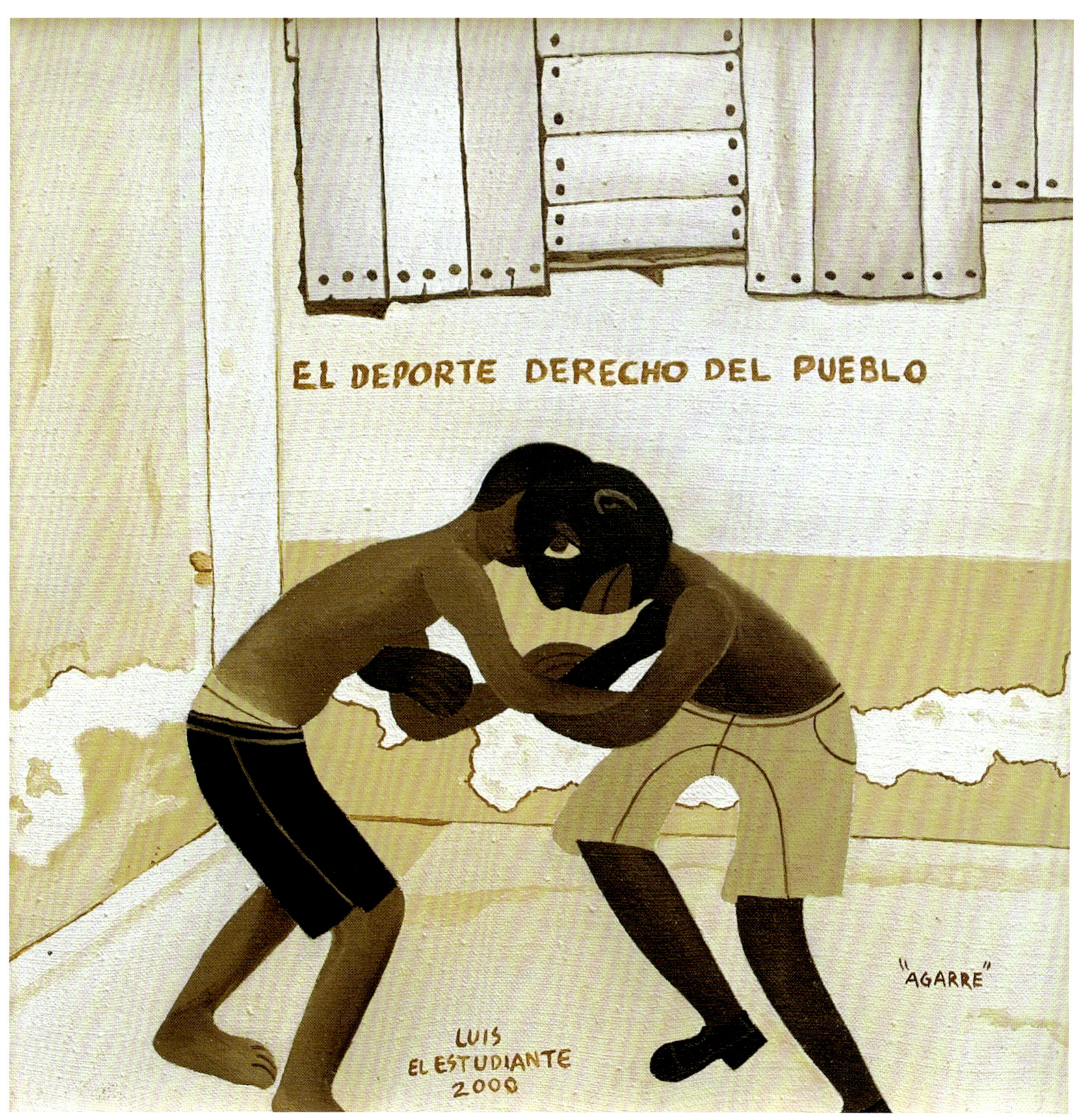
EL DEPORTE DERECHO DEL PUEBLO
"AGARRE"
LUIS
EL ESTUDIANTE
2000

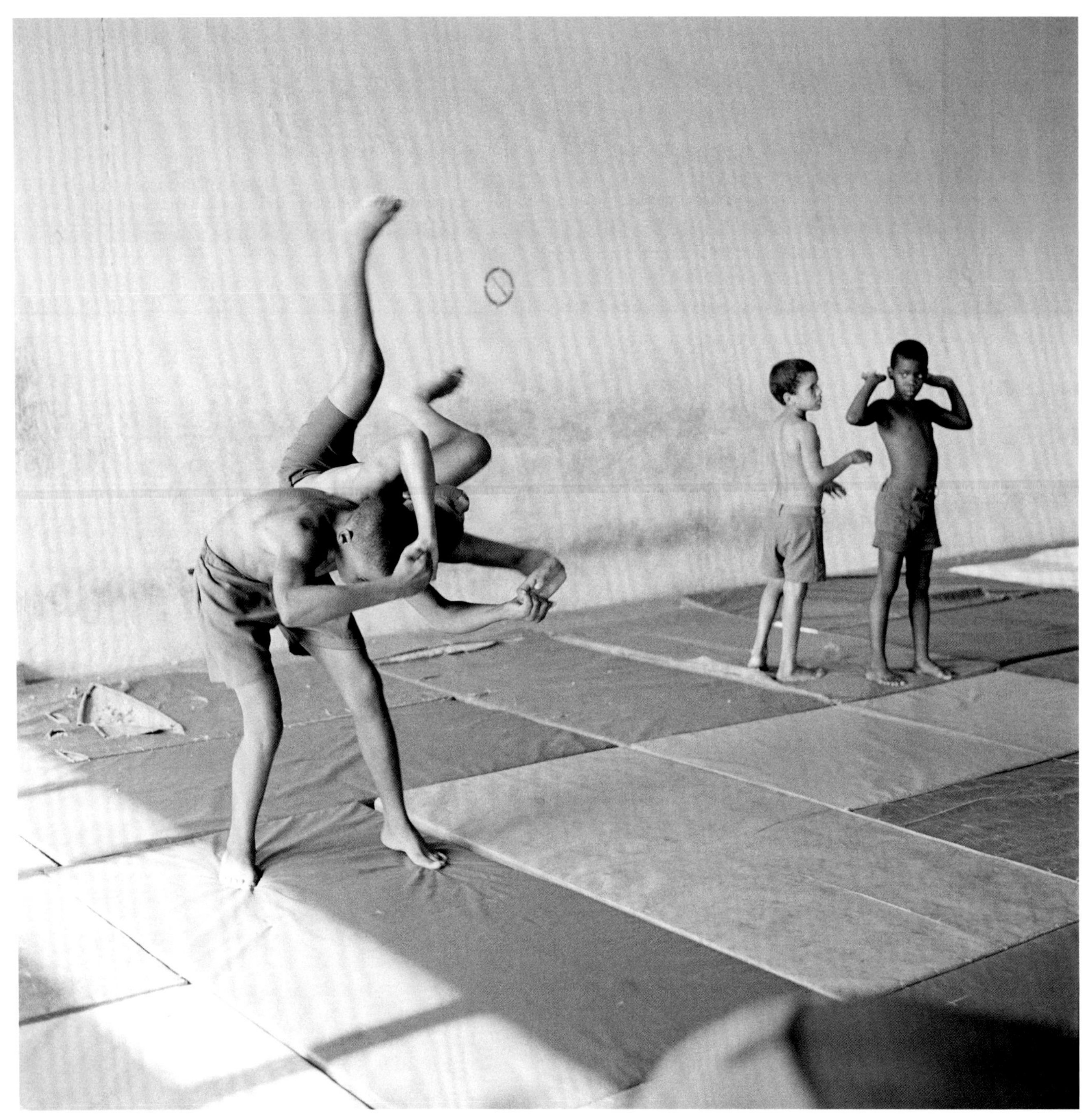

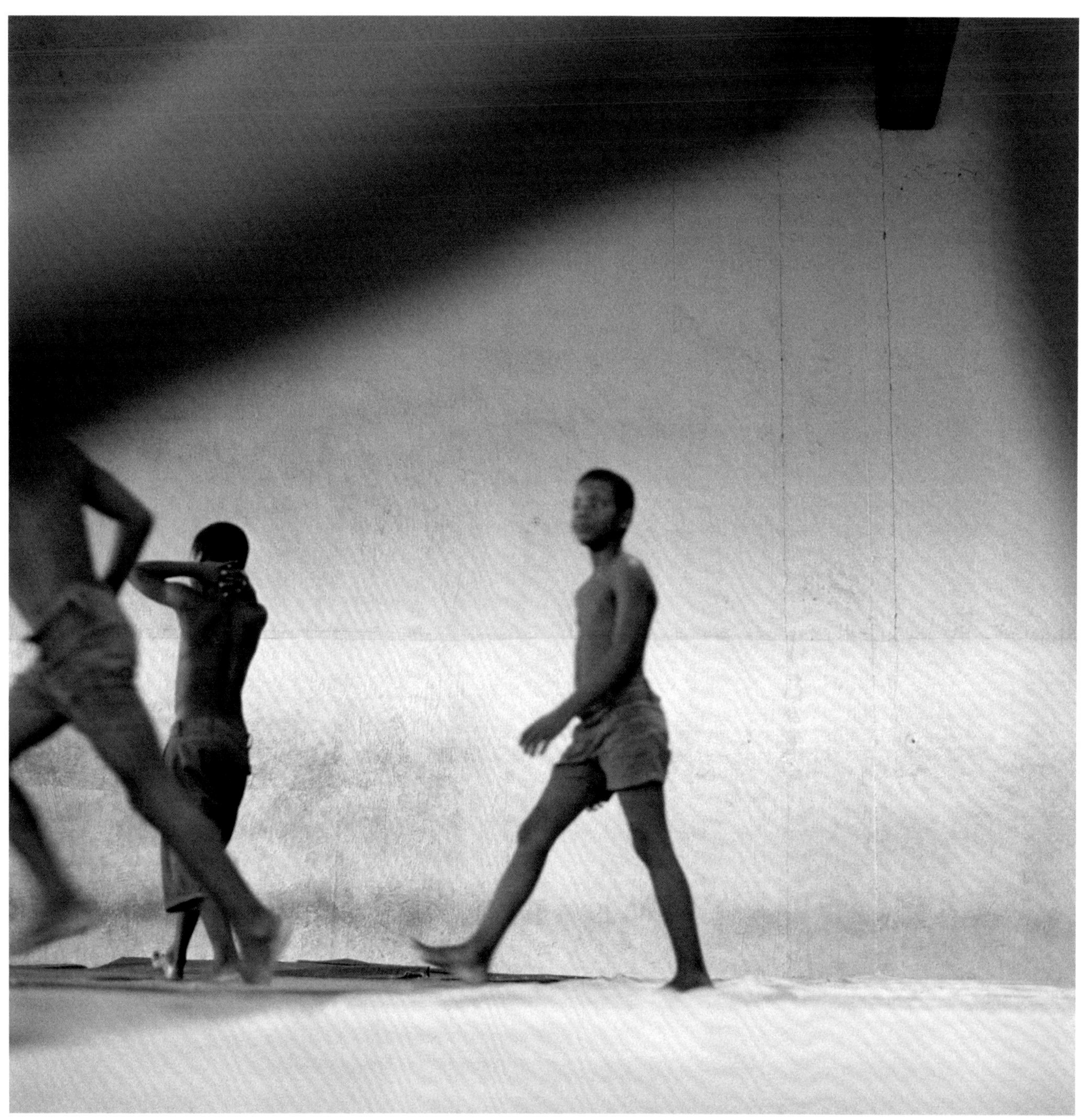

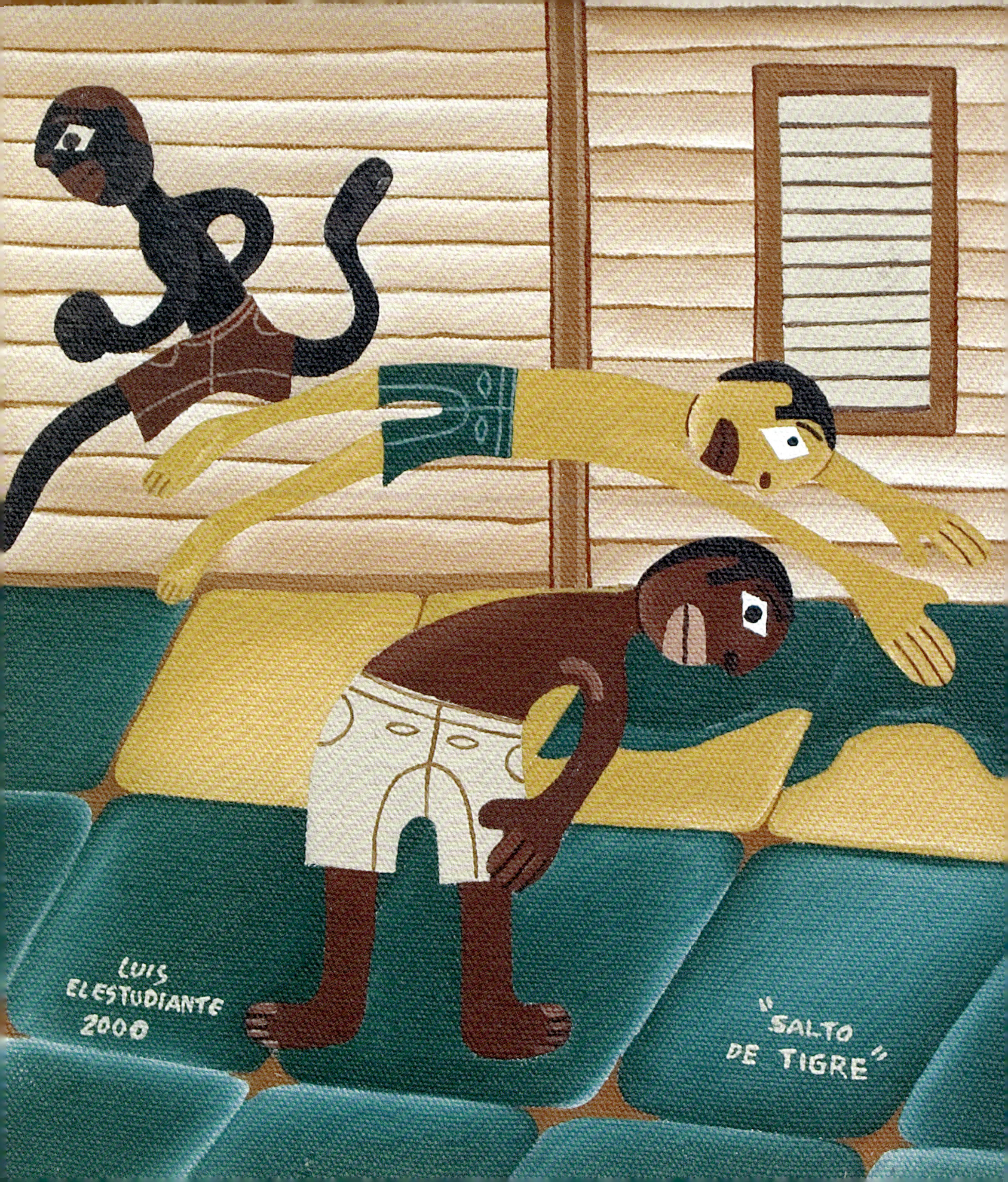
LUIS
ELESTUDIANTE
2000
"SALTO
DE TIGRE"

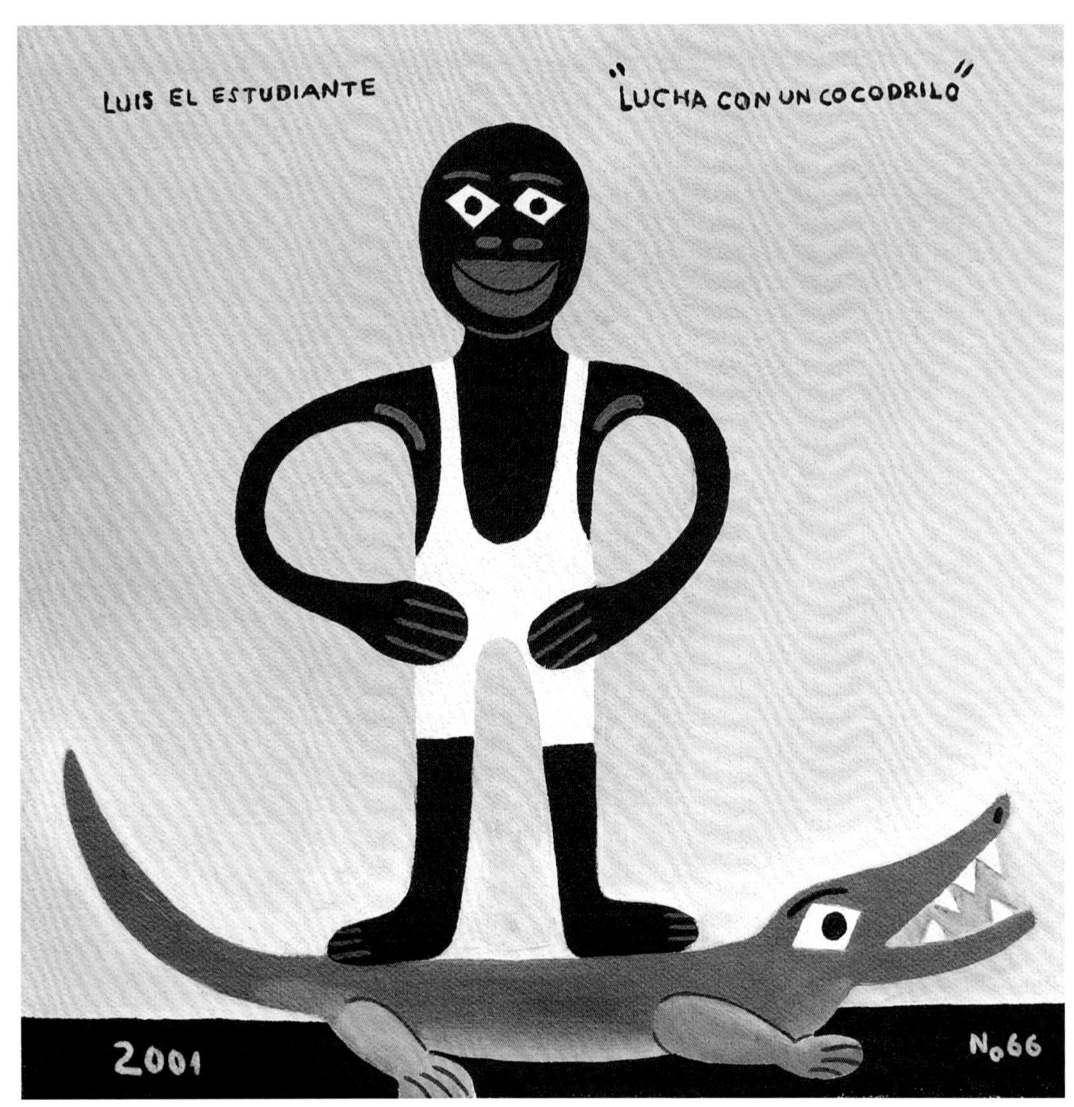
LUIS EL ESTUDIANTE
"LUCHA CON UN COCODRILO"
2001
No66

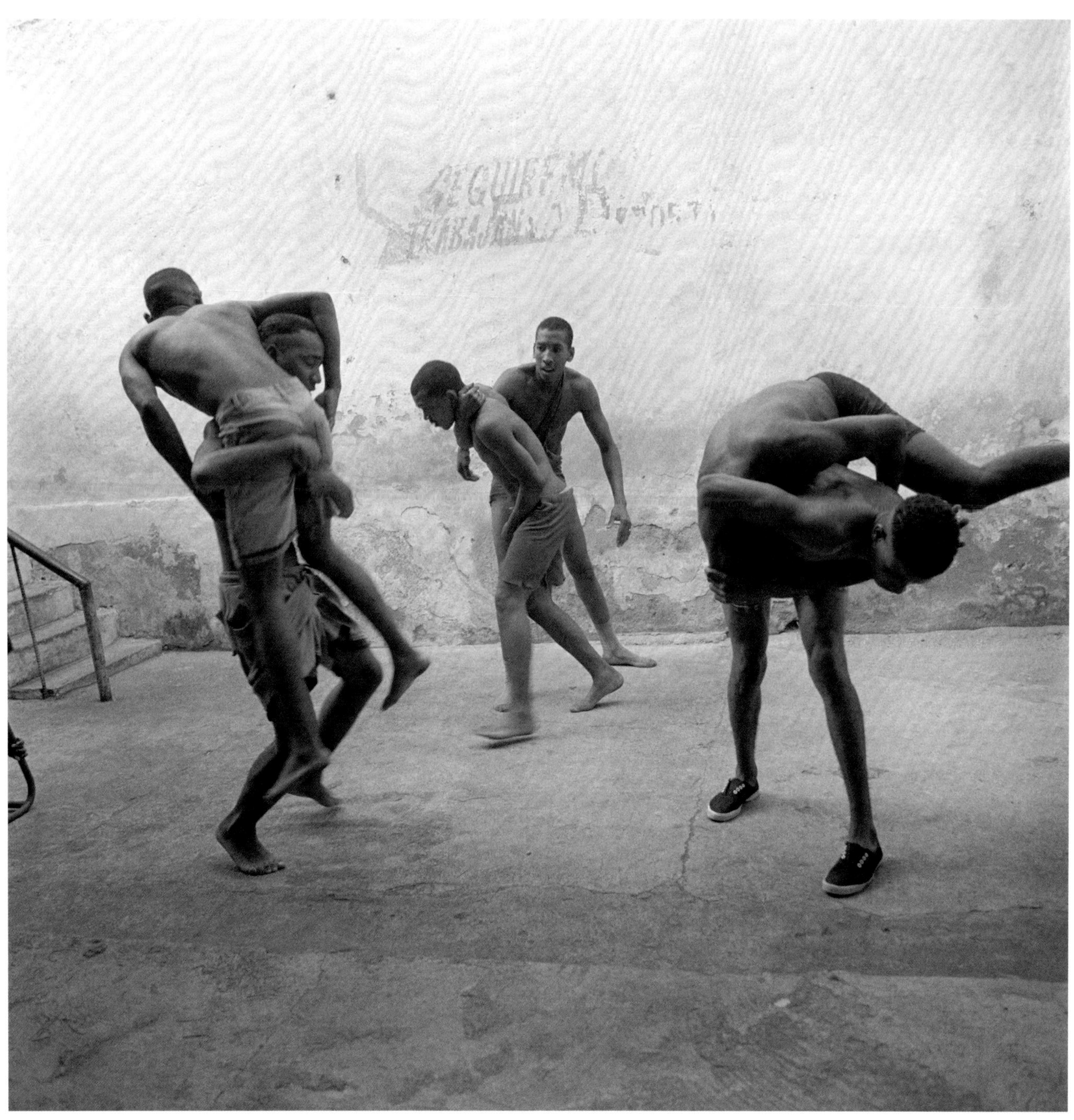

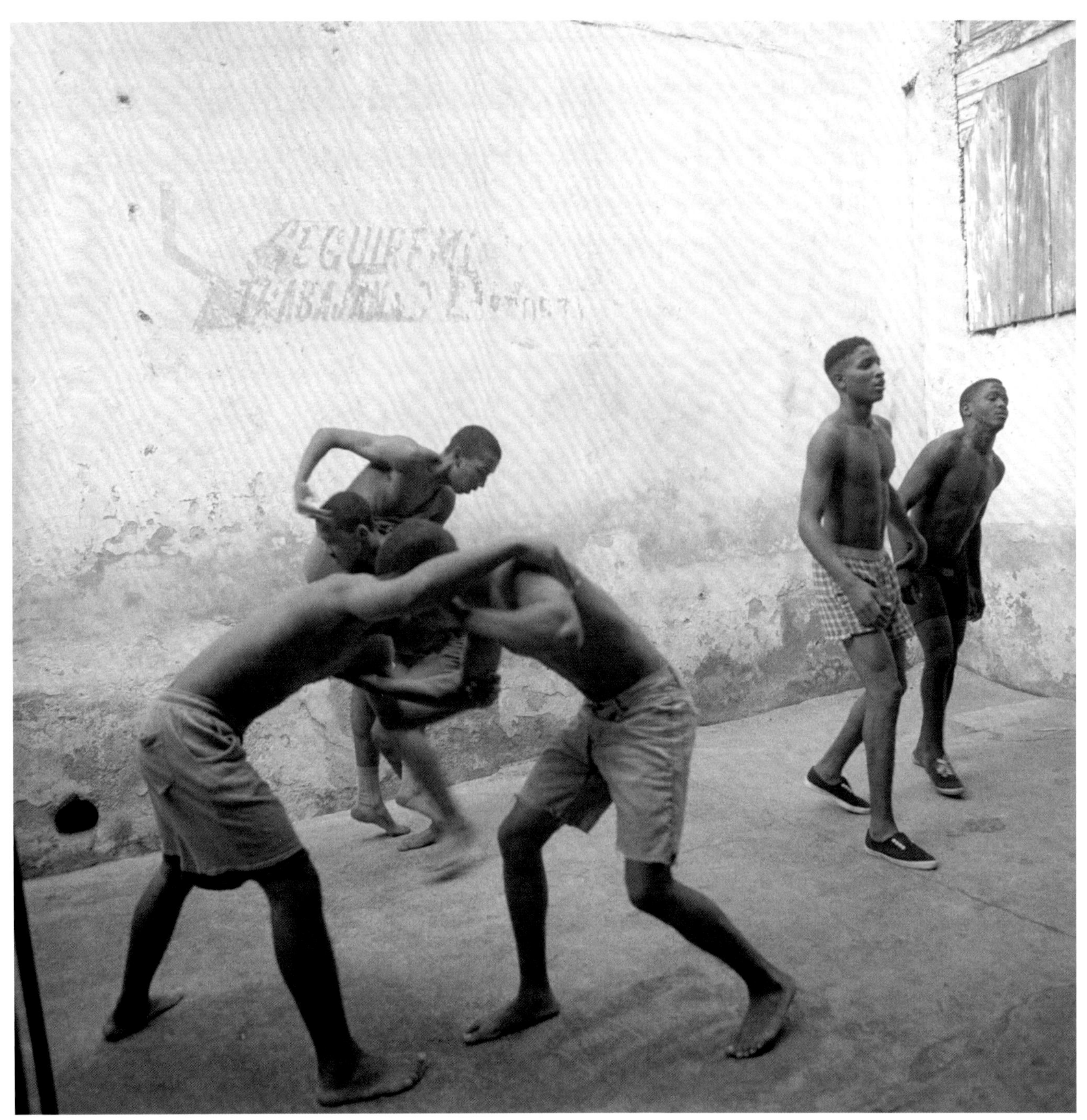

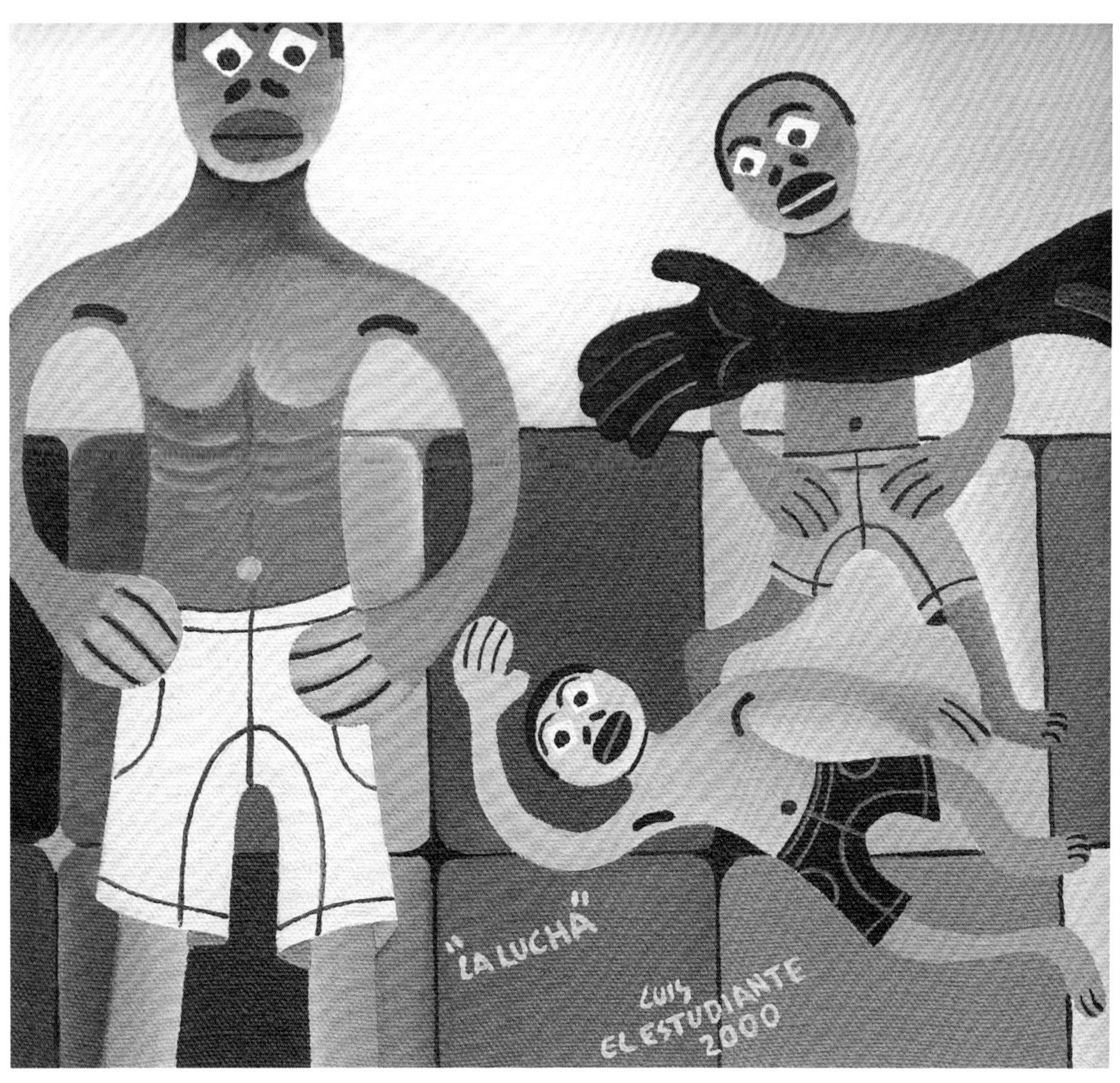
"LA LUCHA"
LUIS
EL ESTUDIANTE
2000

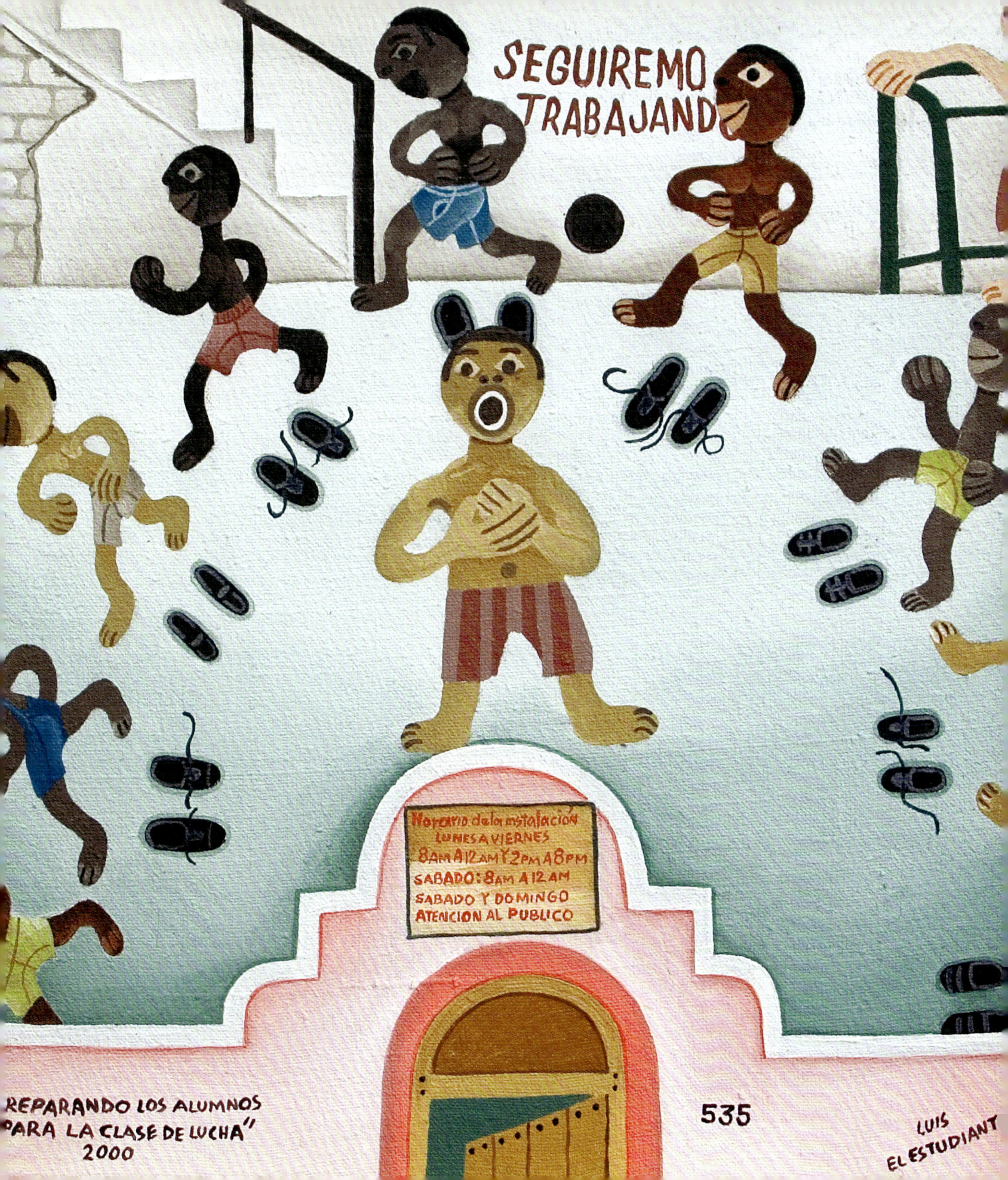
SEGUIREMO
TRABAJAND
Horario dela instalación
LUNES A VIERNES
8AM A 12AM Y 2PM A 8PM
SABADO: 8AM A 12AM
SABADO Y DOMINGO
ATENCION AL PUBLICO
REPARANDO LOS ALUMNOS
PARA LA CLASE DE LUCHA"
2000
535
LUIS
EL ESTUDIANT

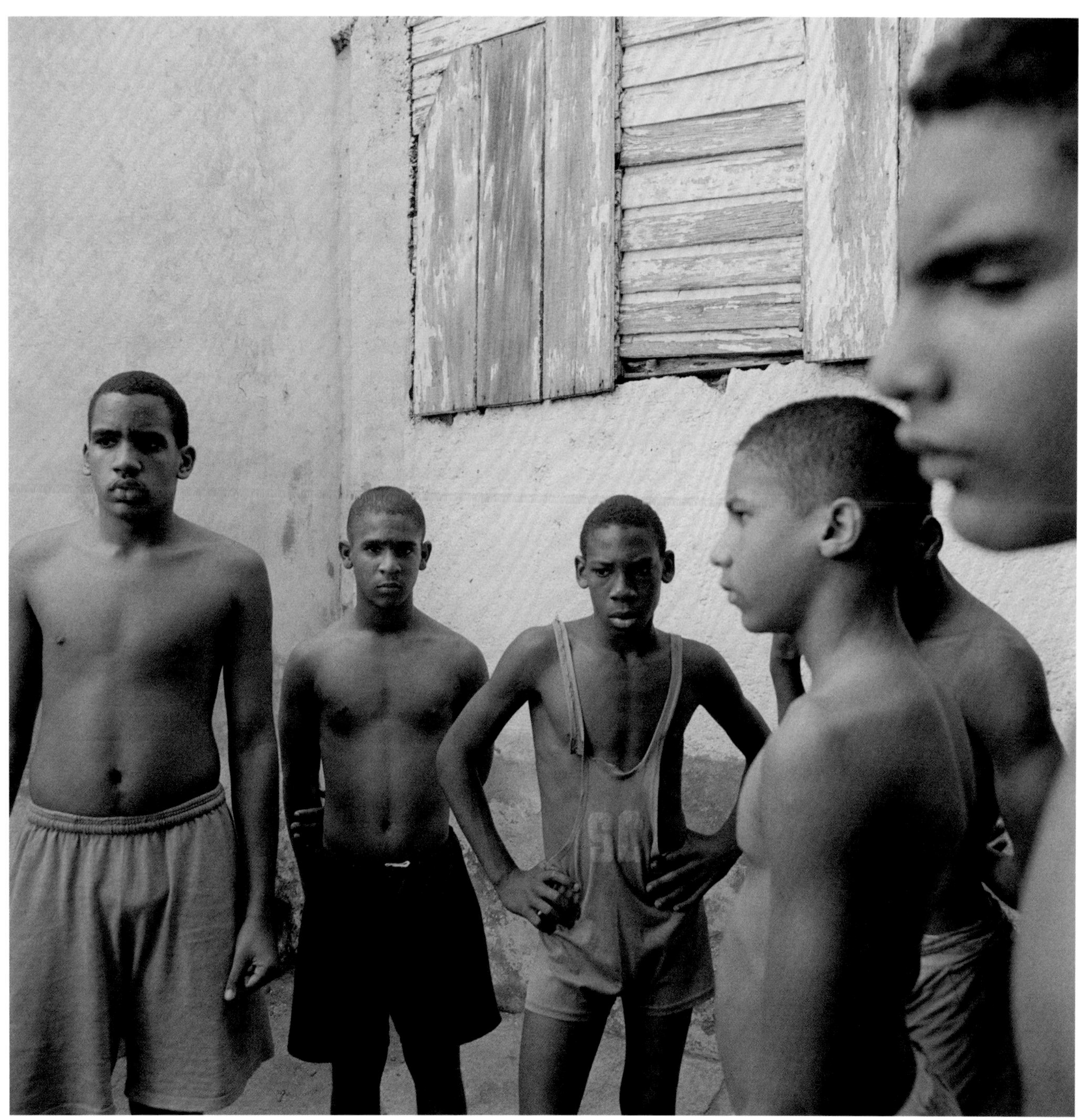

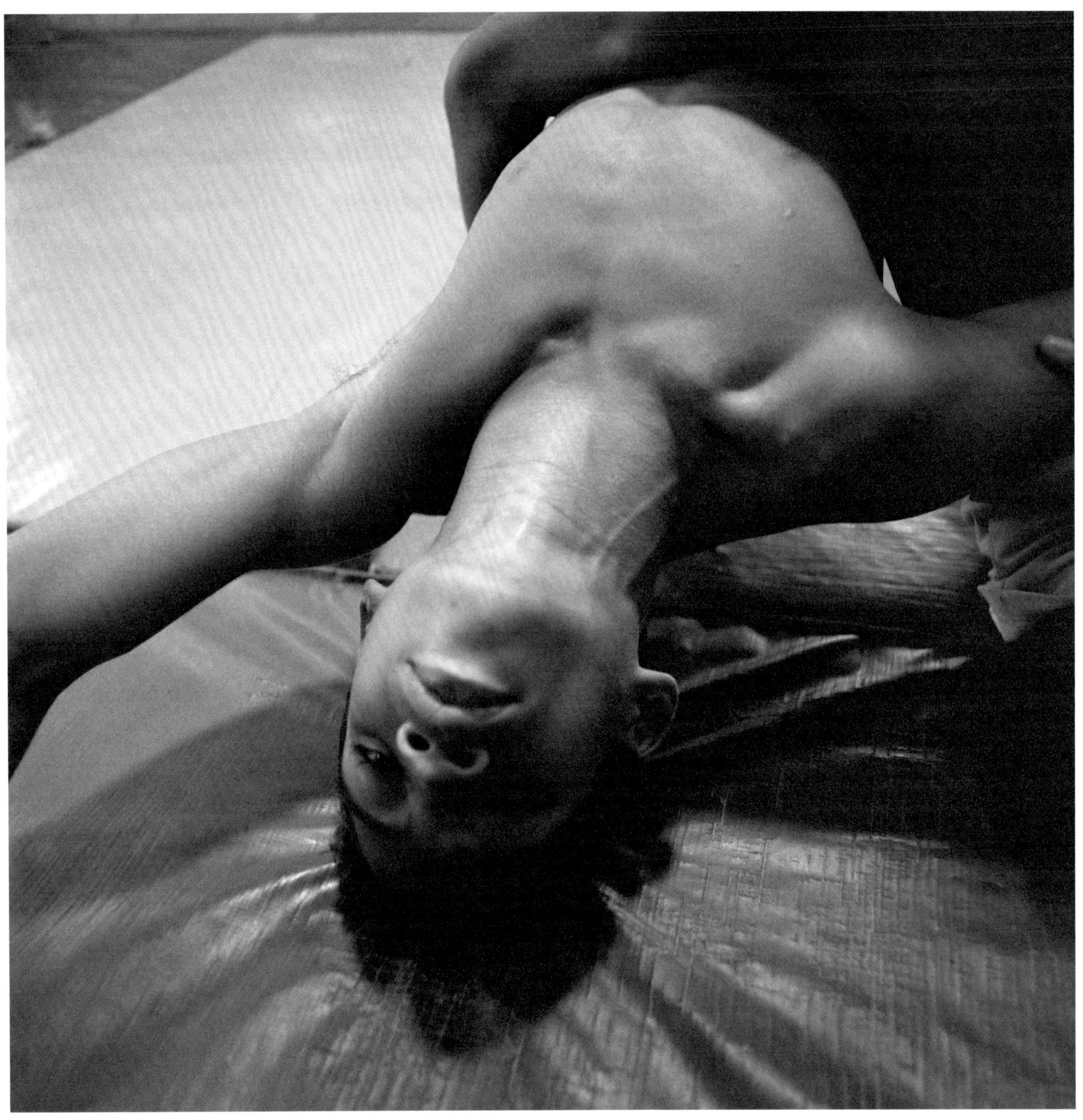

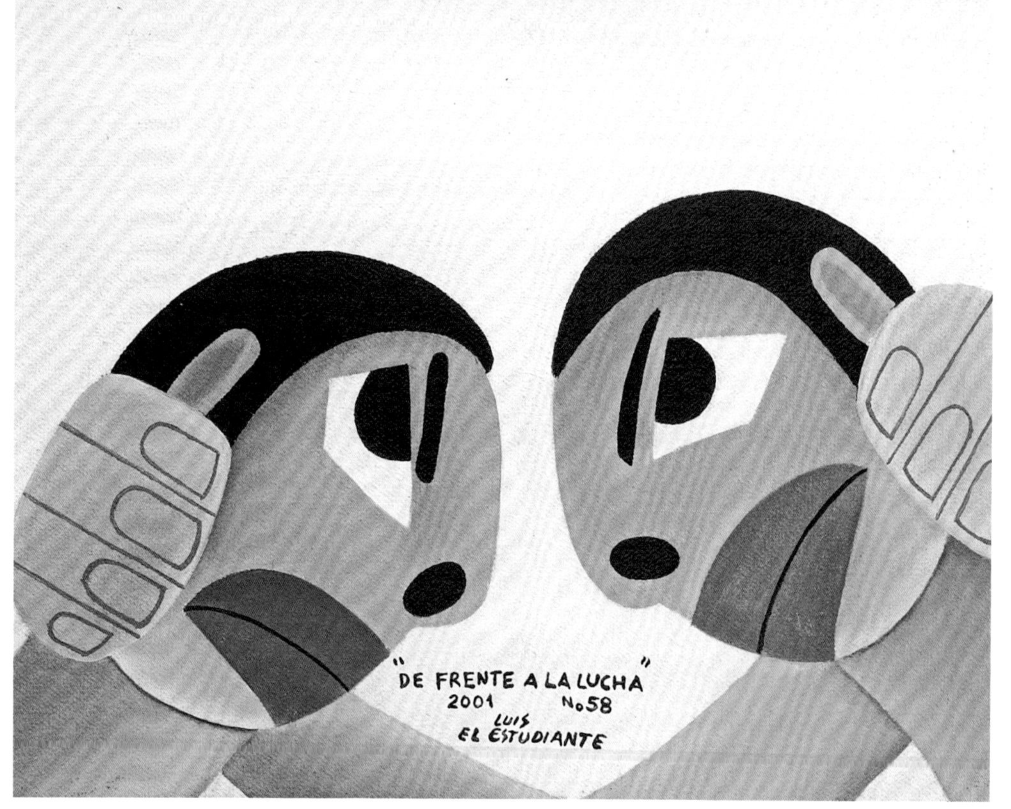
"DE FRENTE A LA LUCHA"
2001 No58
LUIS
EL ESTUDIANTE

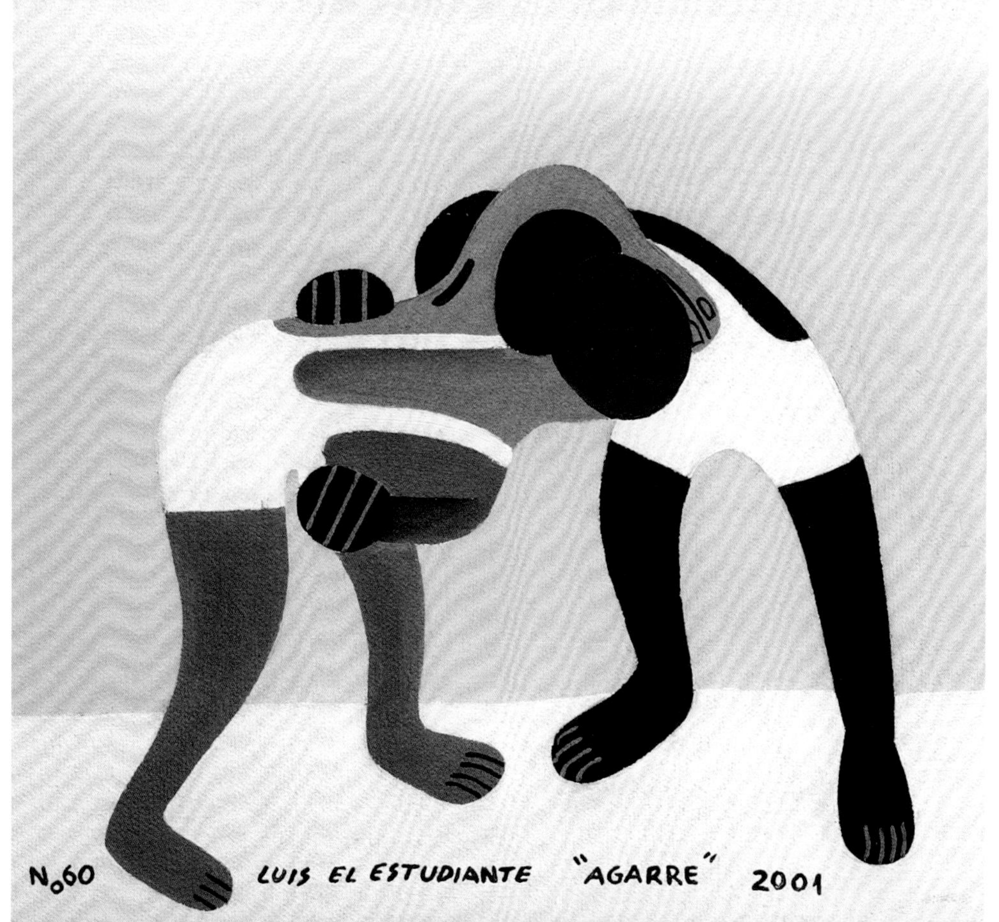
No60 LUIS EL ESTUDIANTE "AGARRE" 2001

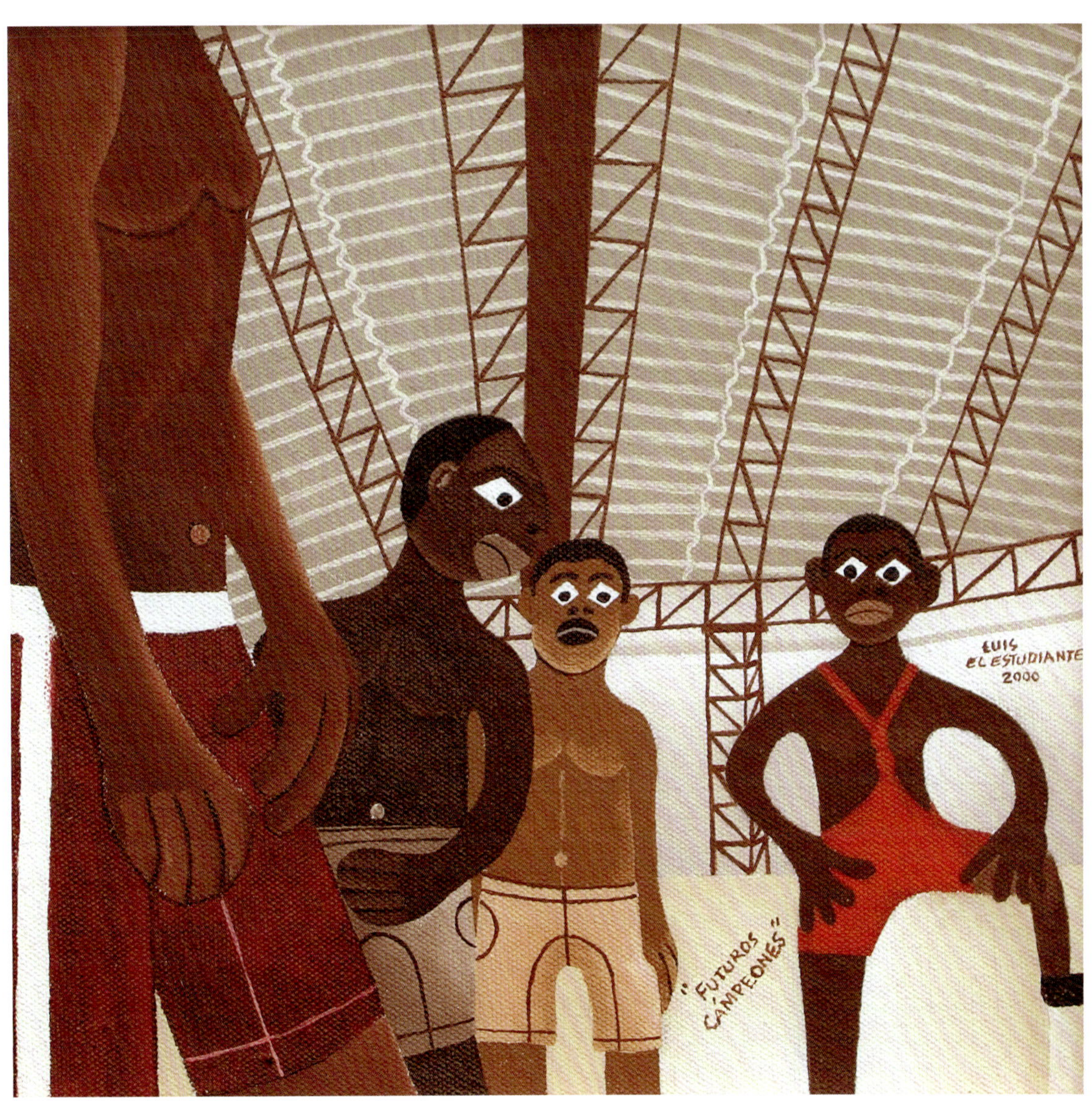
LUIS
EL ESTUDIANTE
2000
"FUTUROS
CAMPEONES"

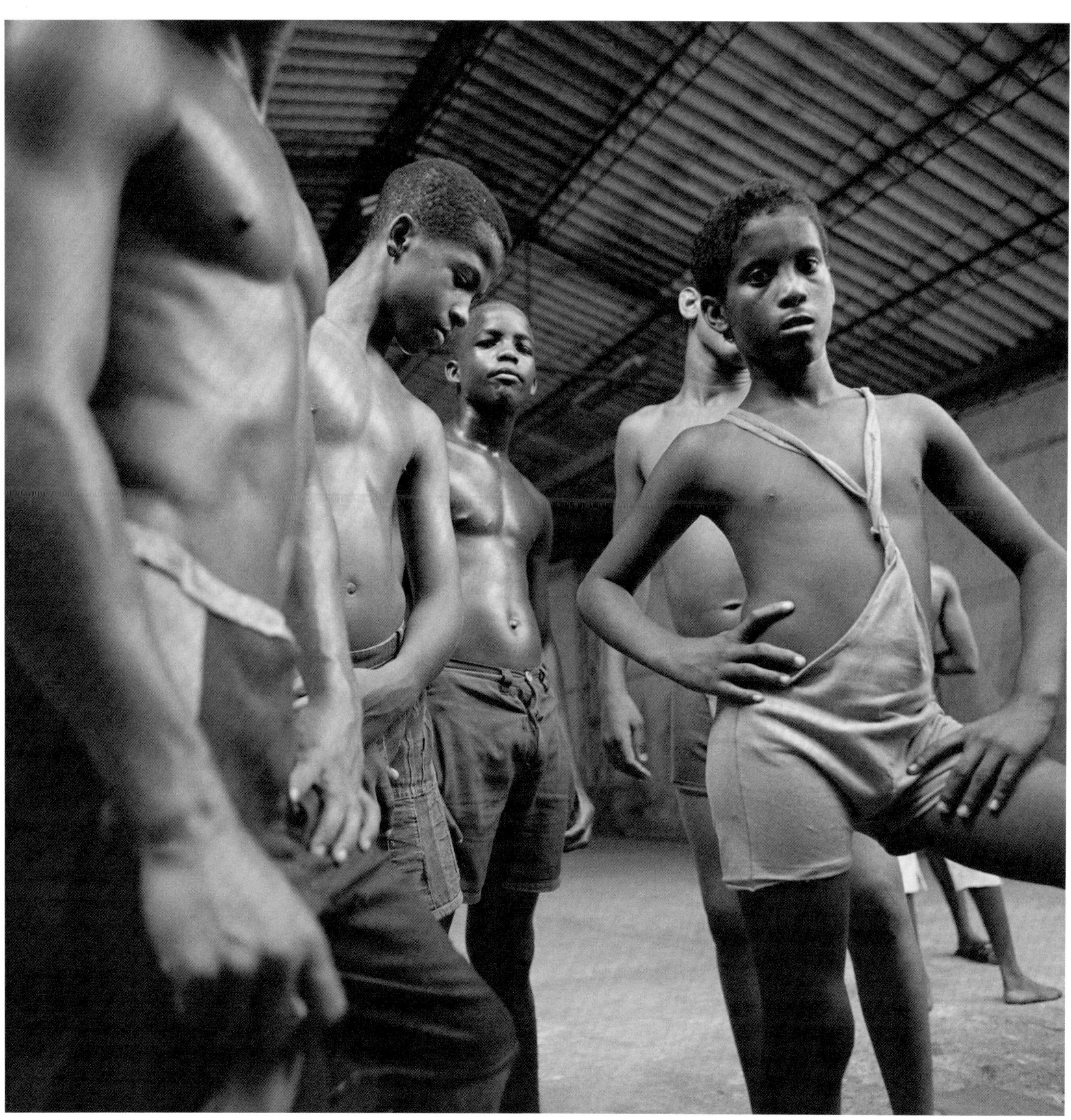

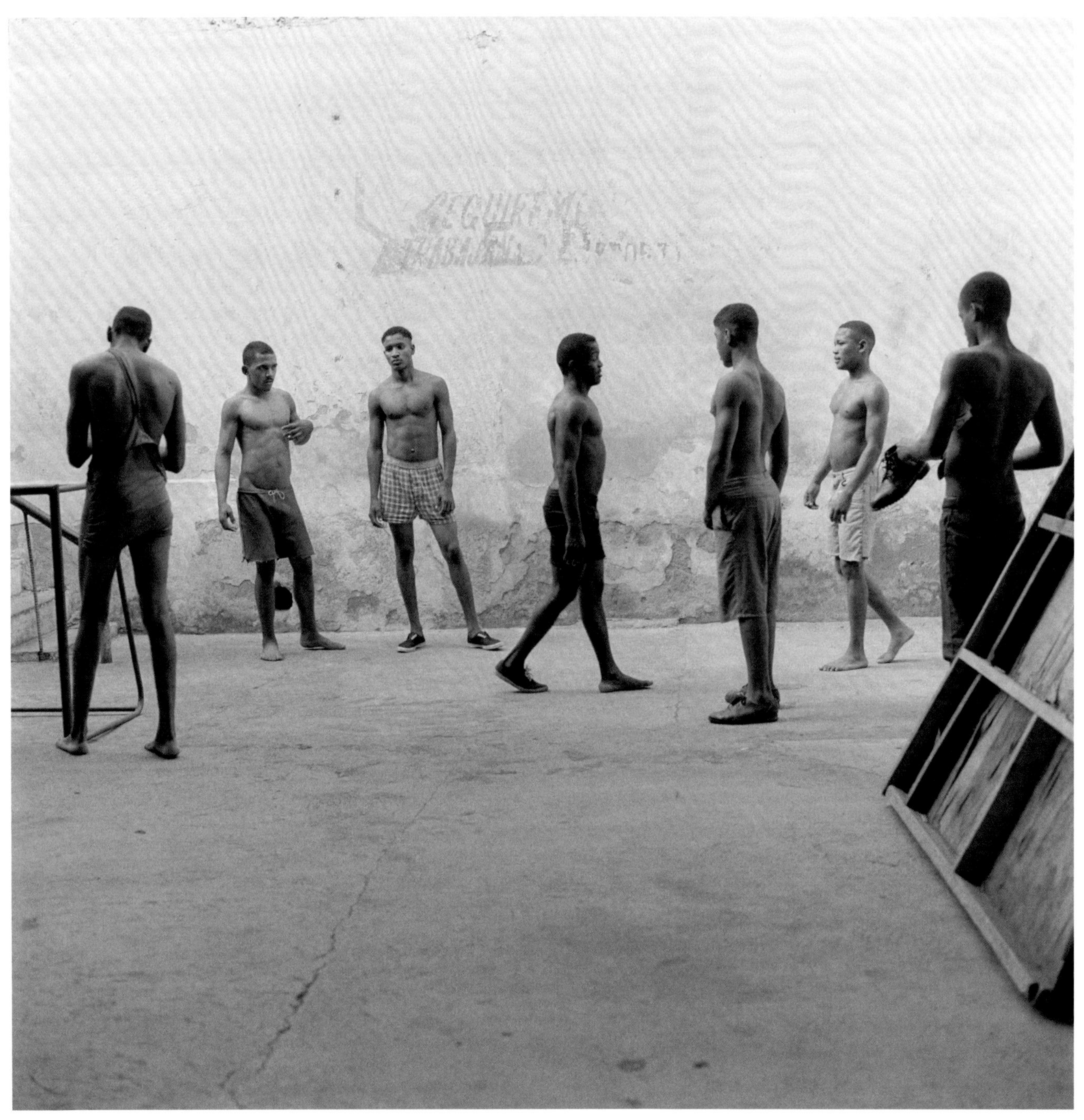

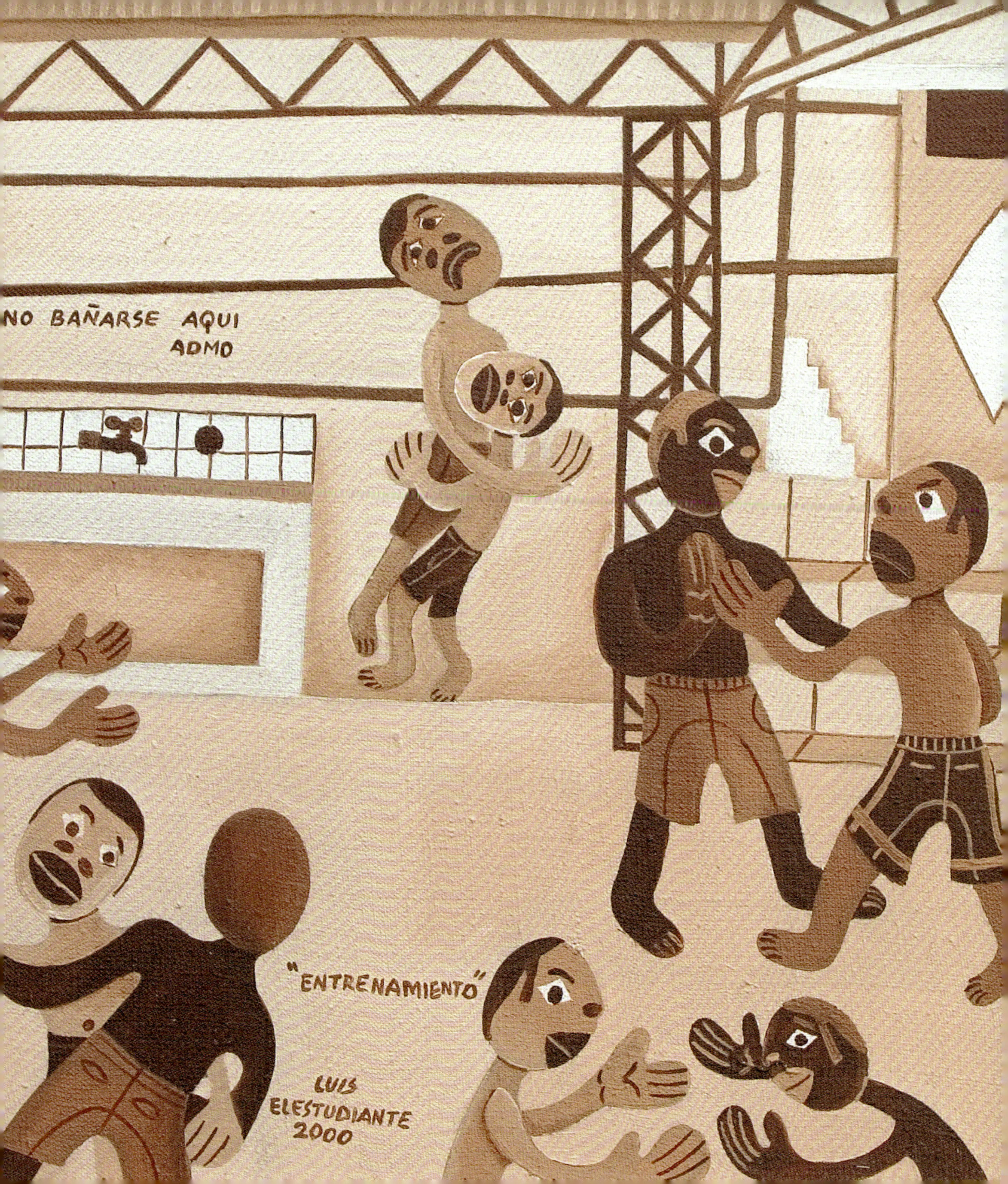
NO BAÑARSE AQUI
ADMO
"ENTRENAMIENTO"
LUIS
ELESTUDIANTE
2000

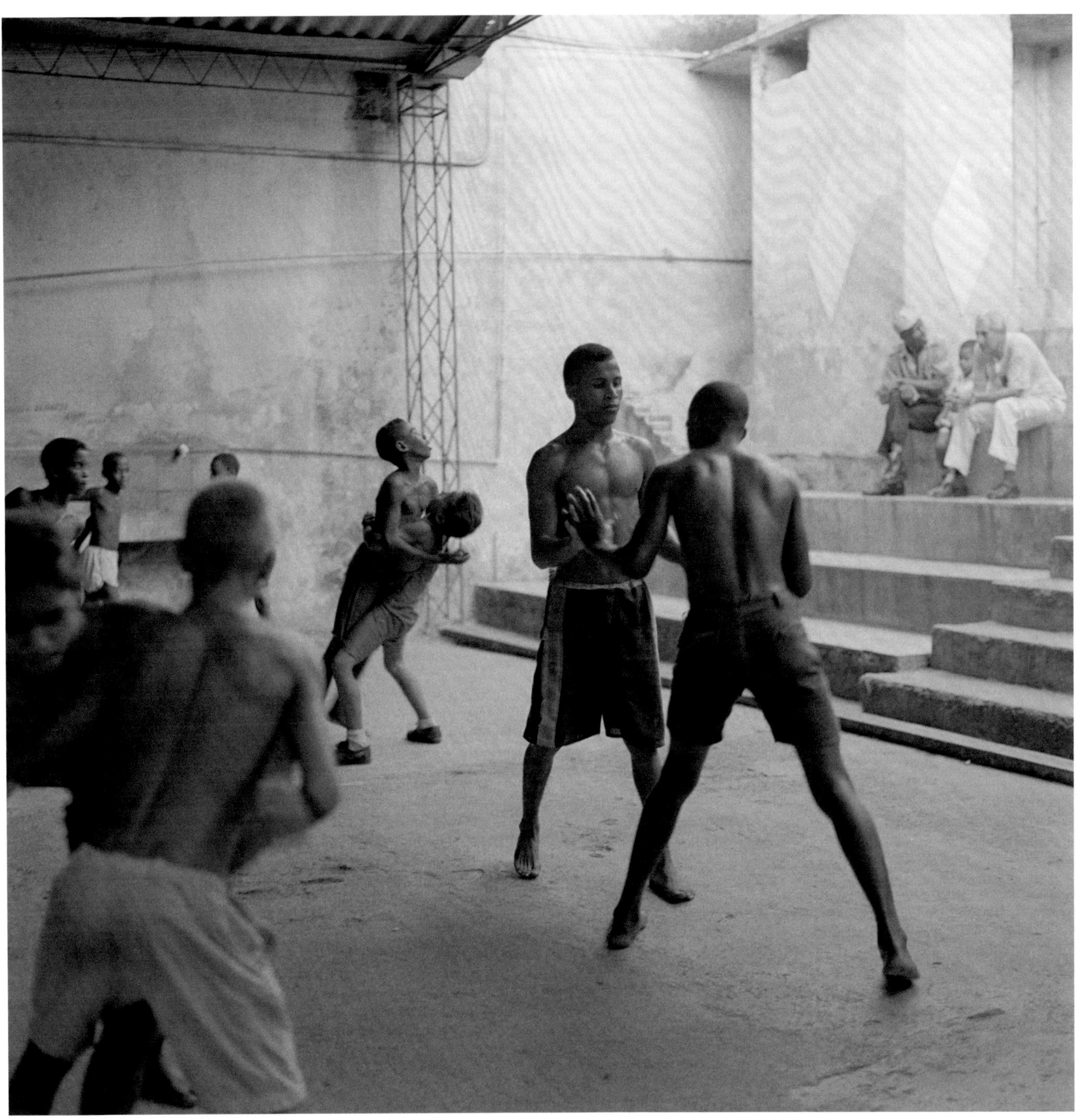

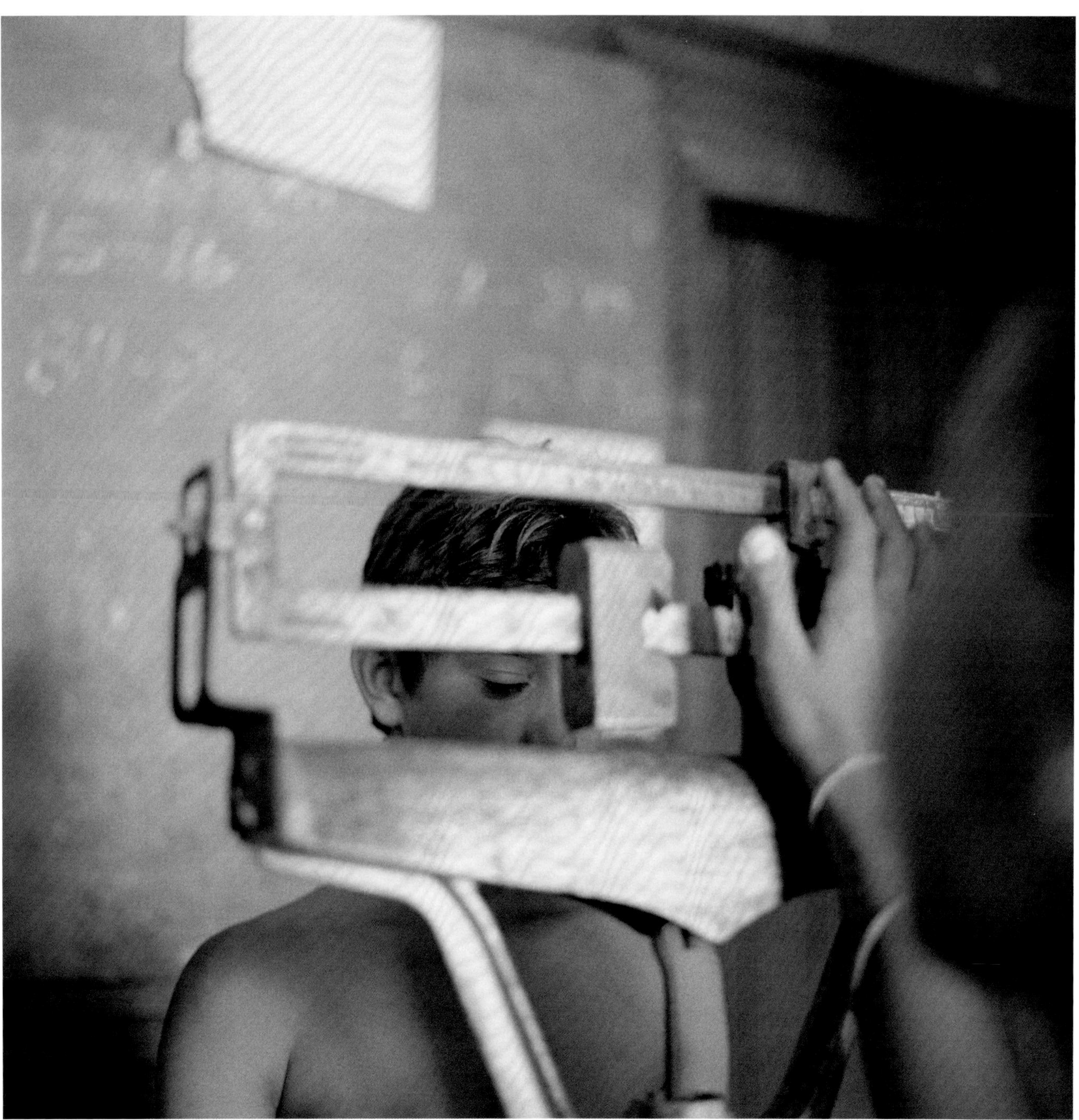

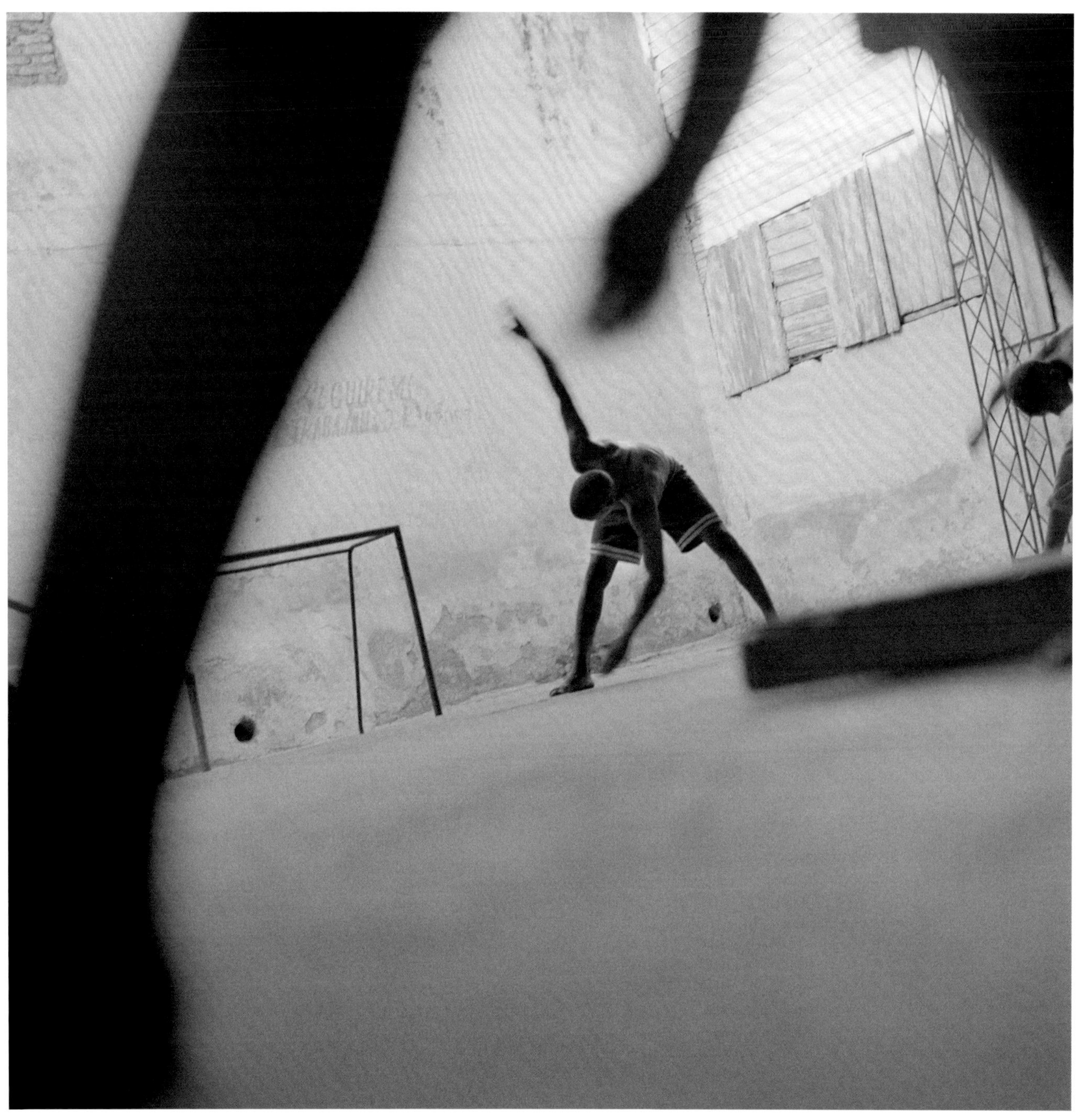

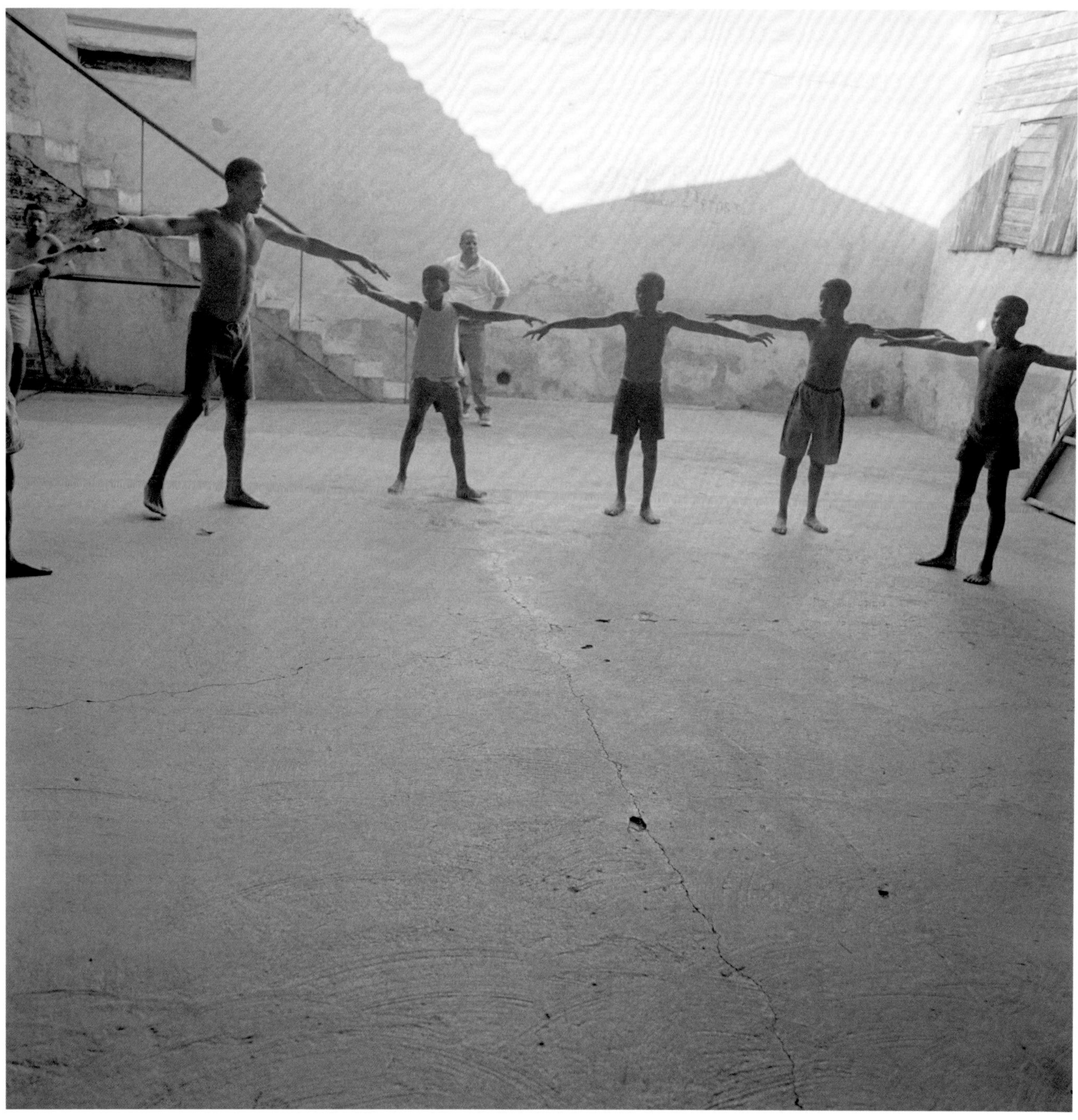

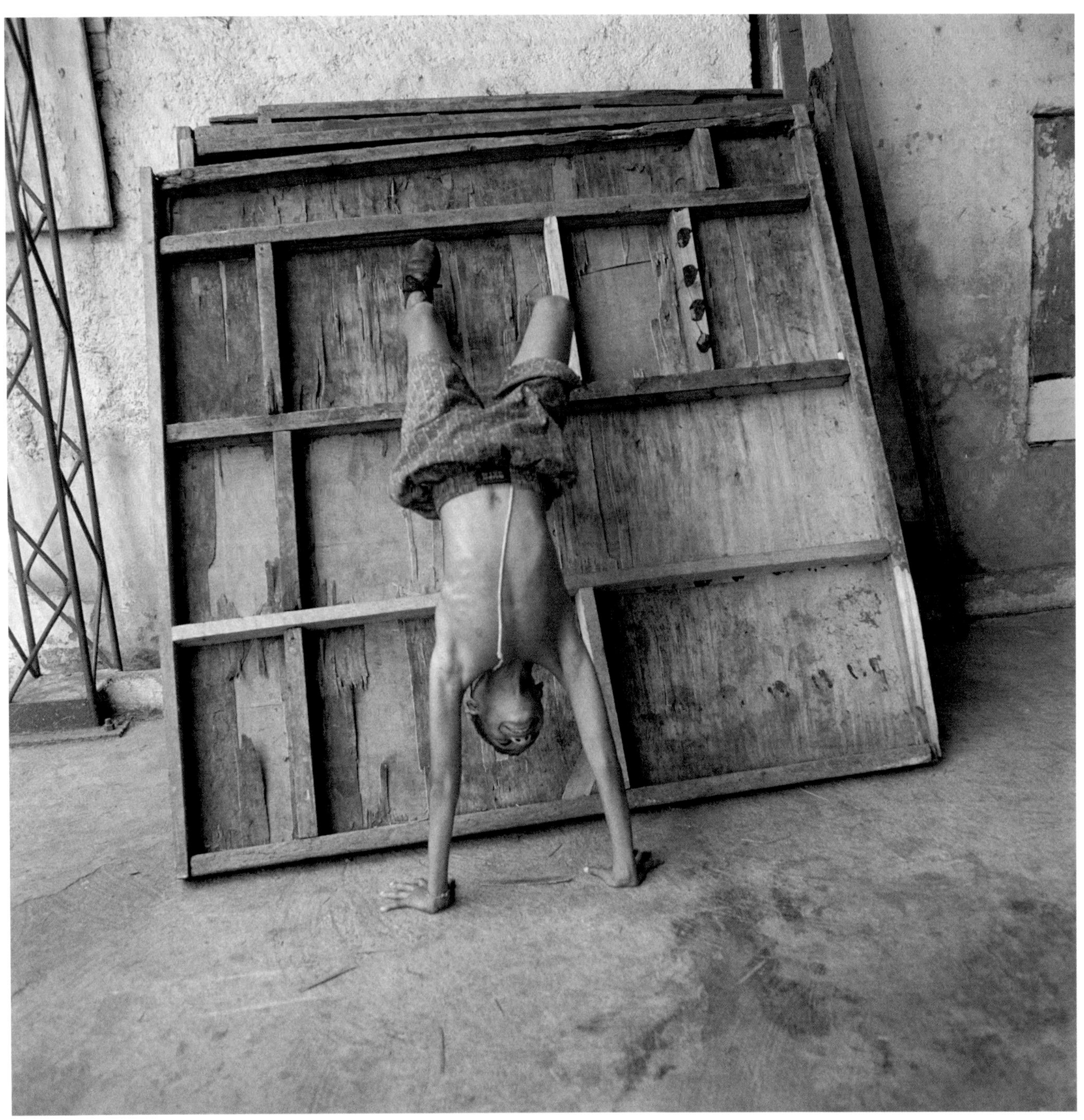

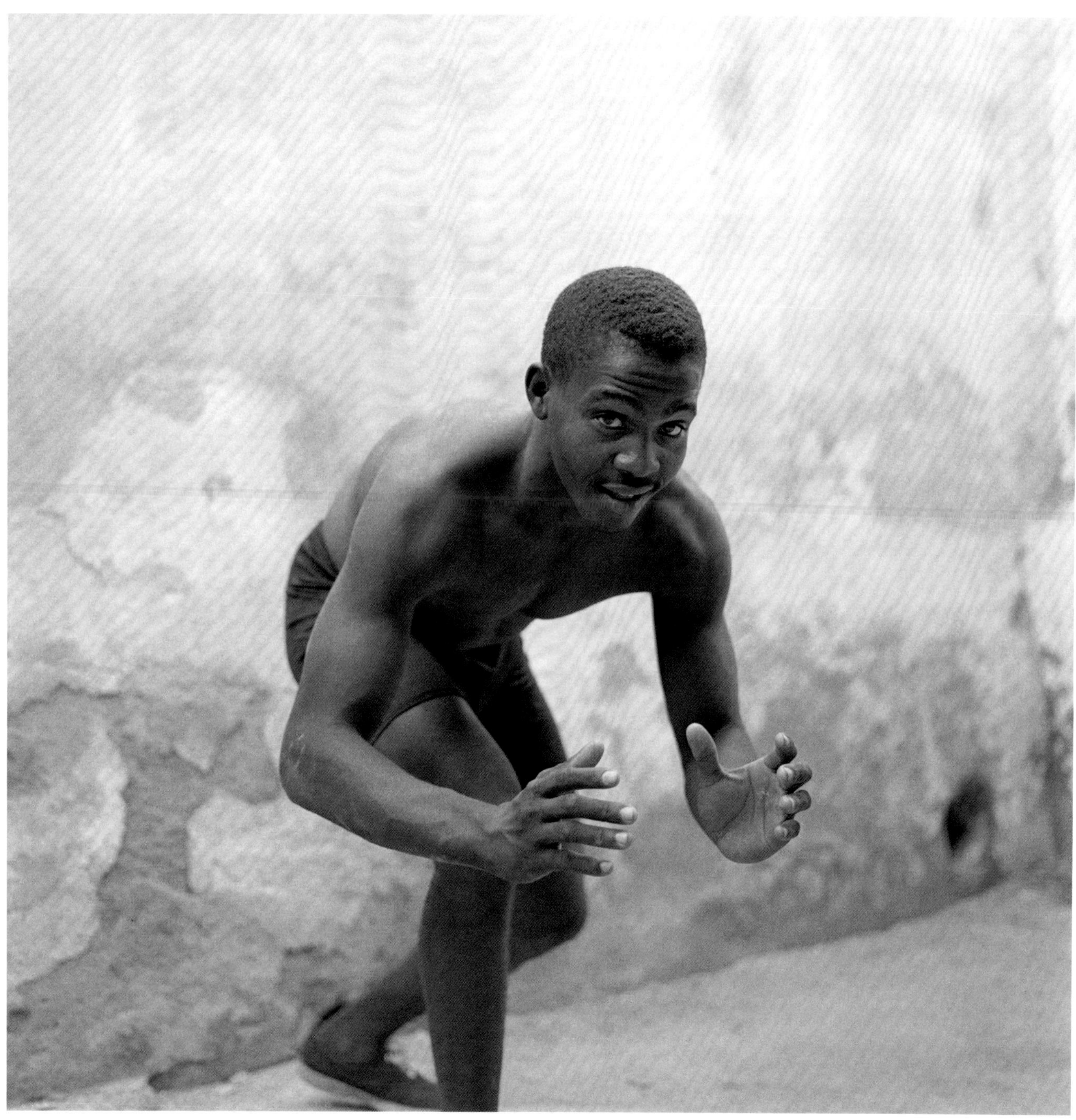

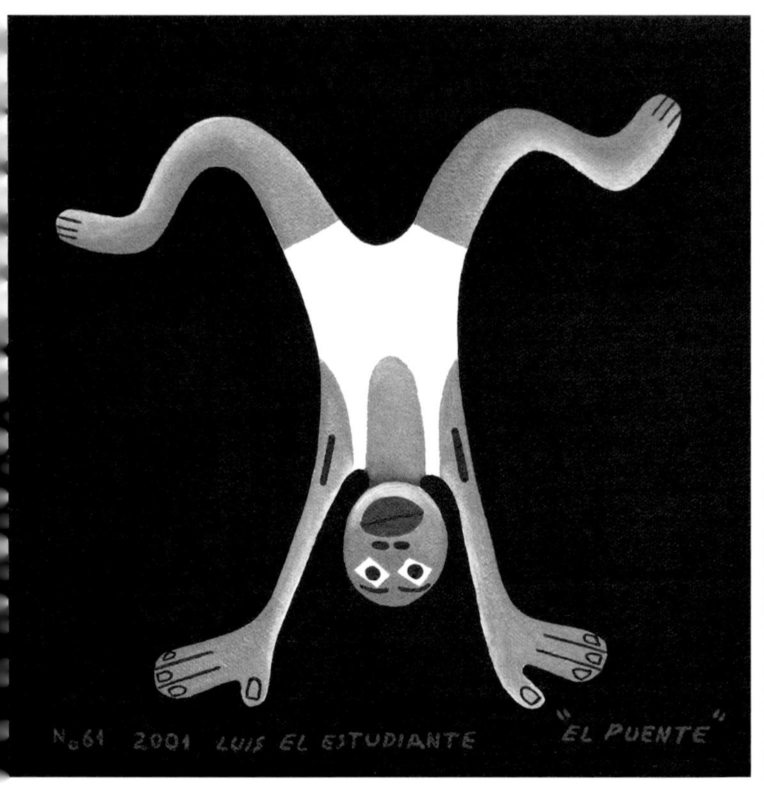
No61 2001 LUIS EL ESTUDIANTE "EL PUENTE"

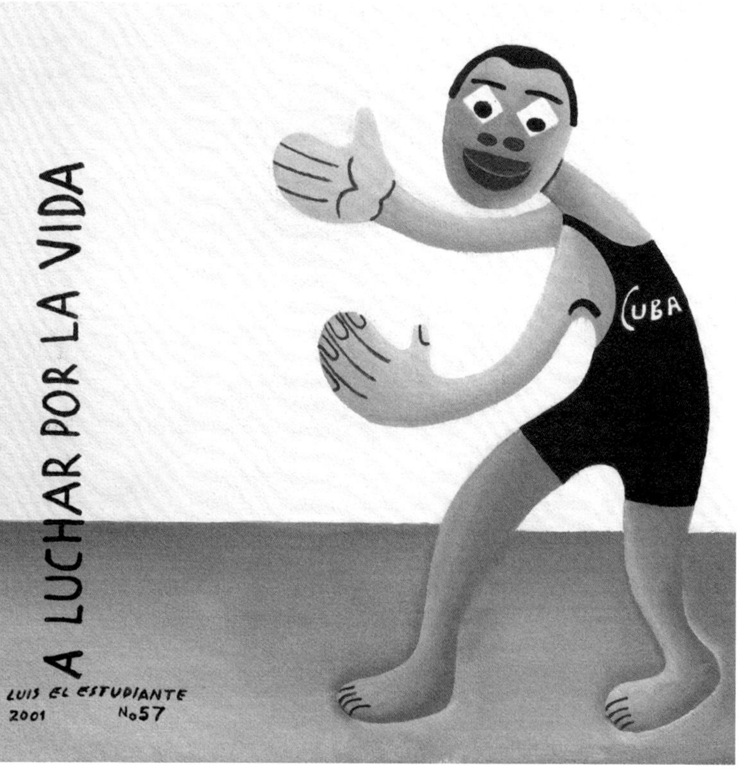
A LUCHAR POR LA VIDA
CUBA
LUIS EL ESTUDIANTE
2001 No57

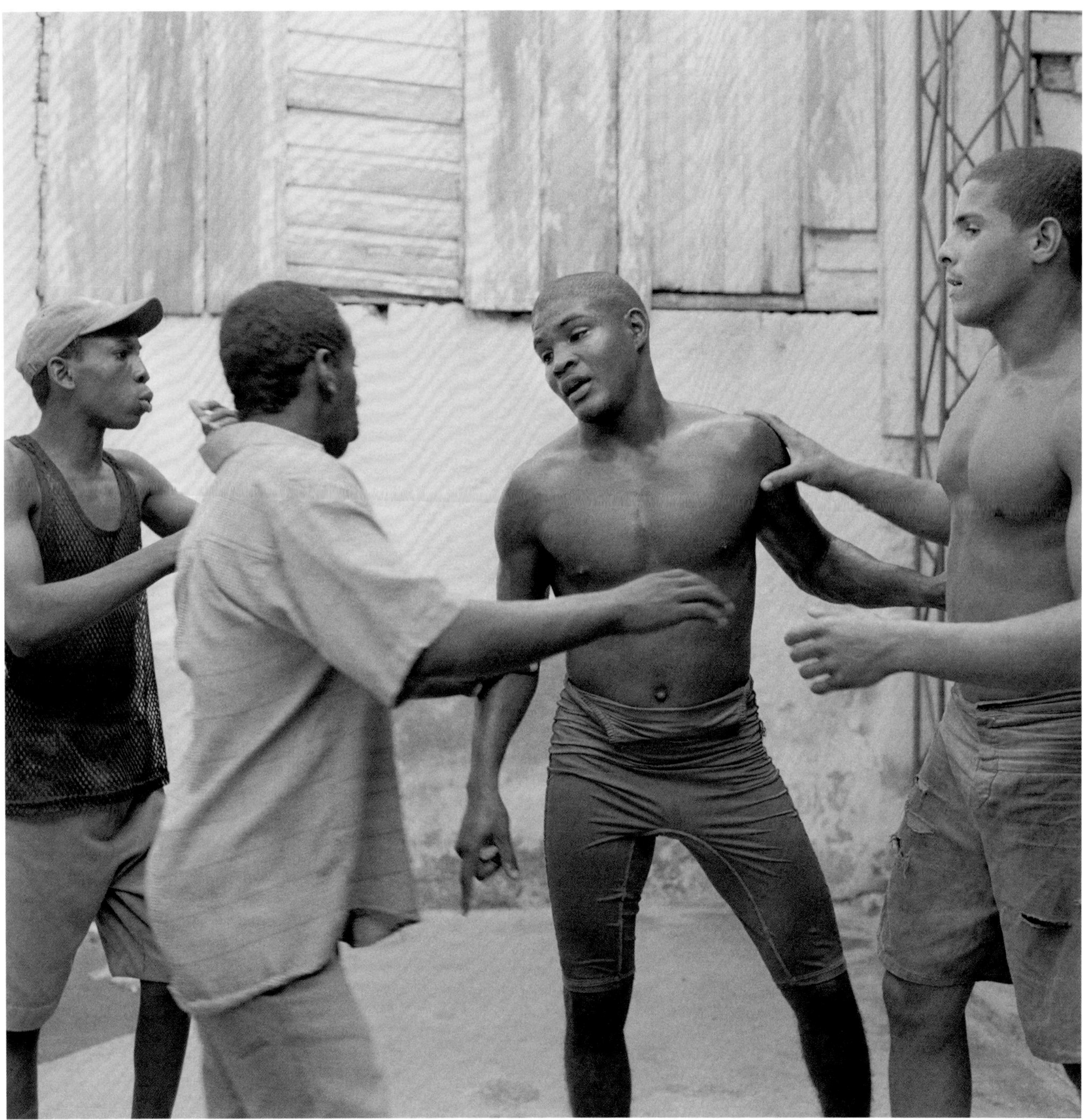

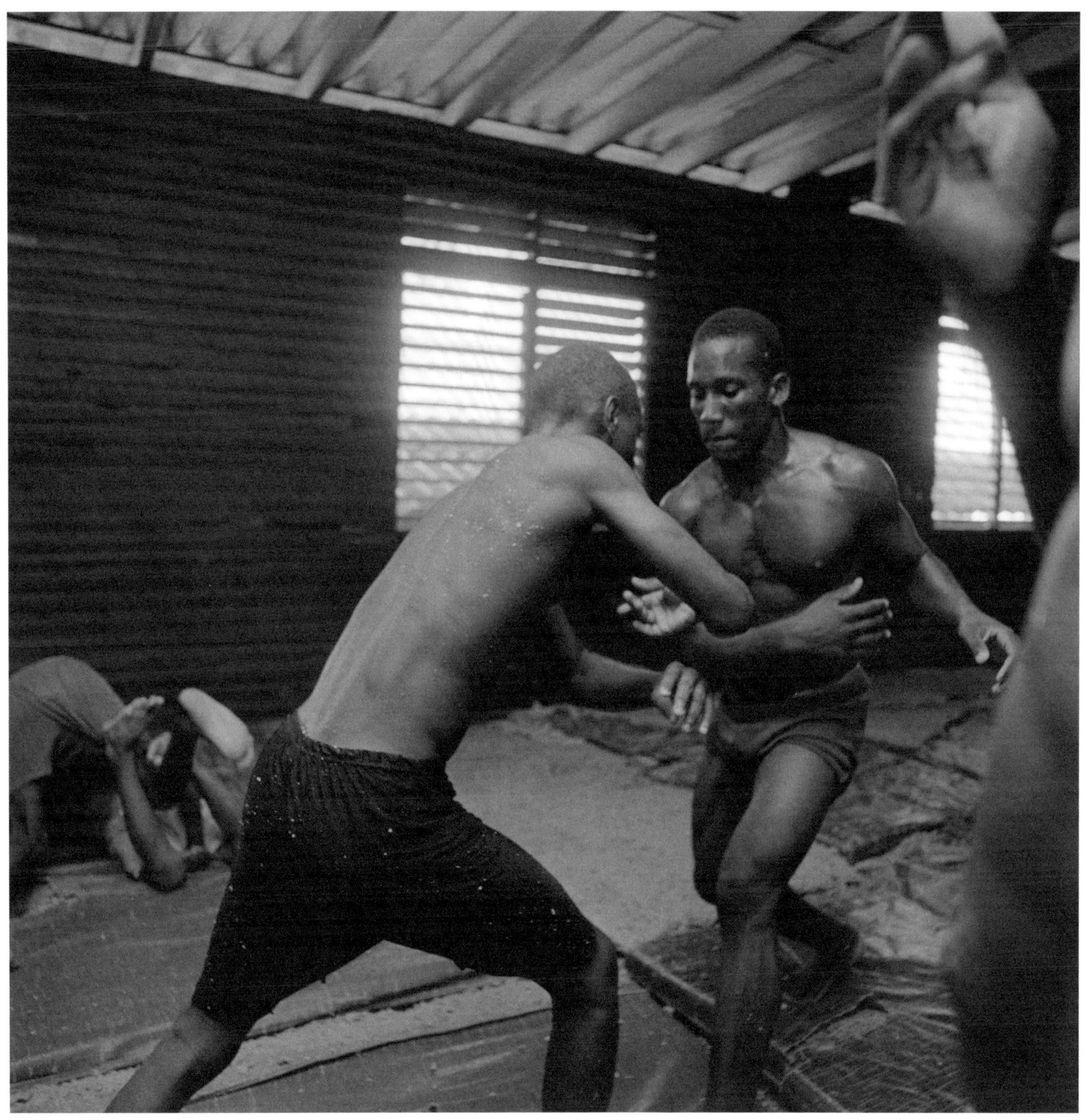

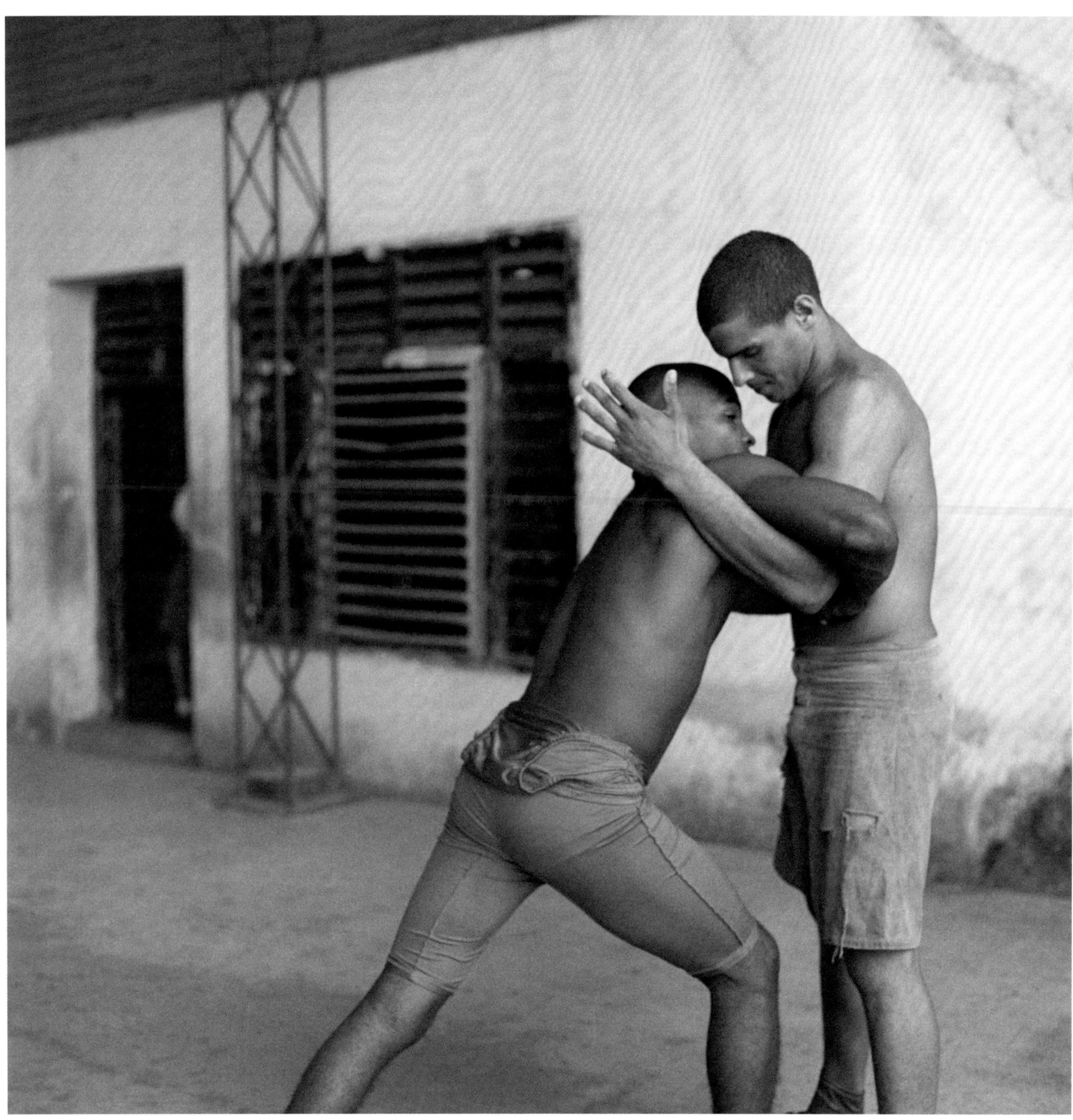

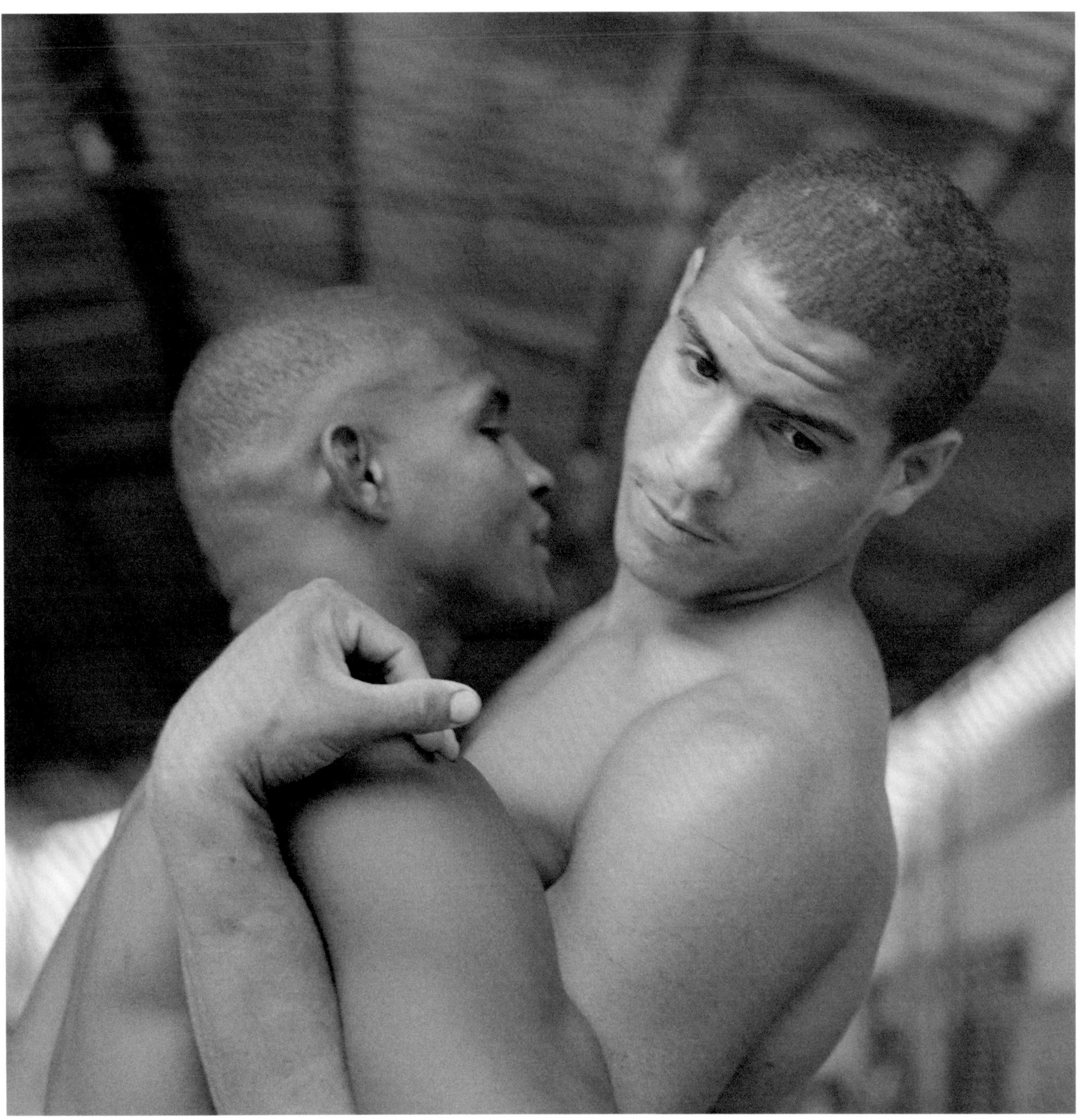

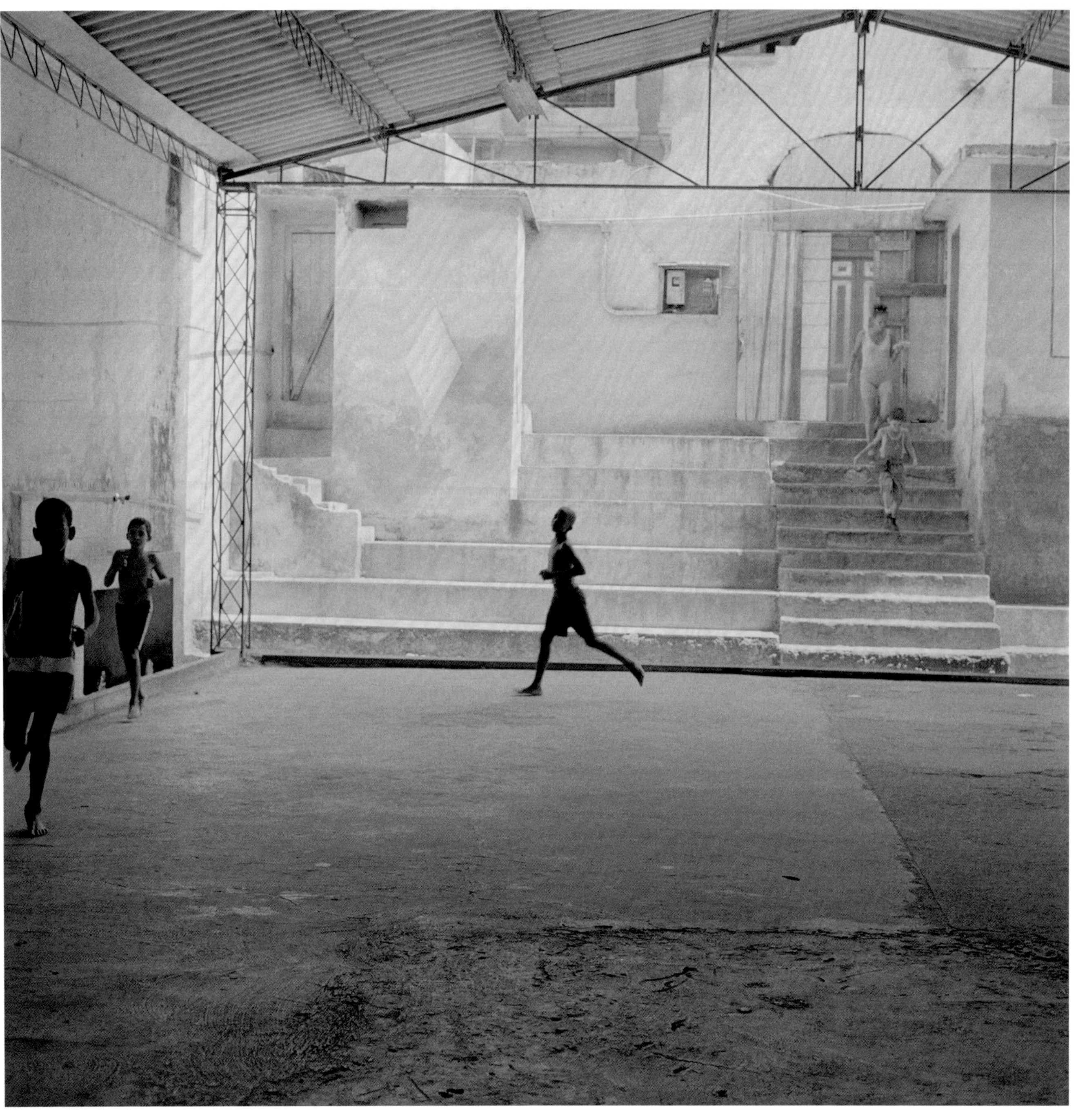

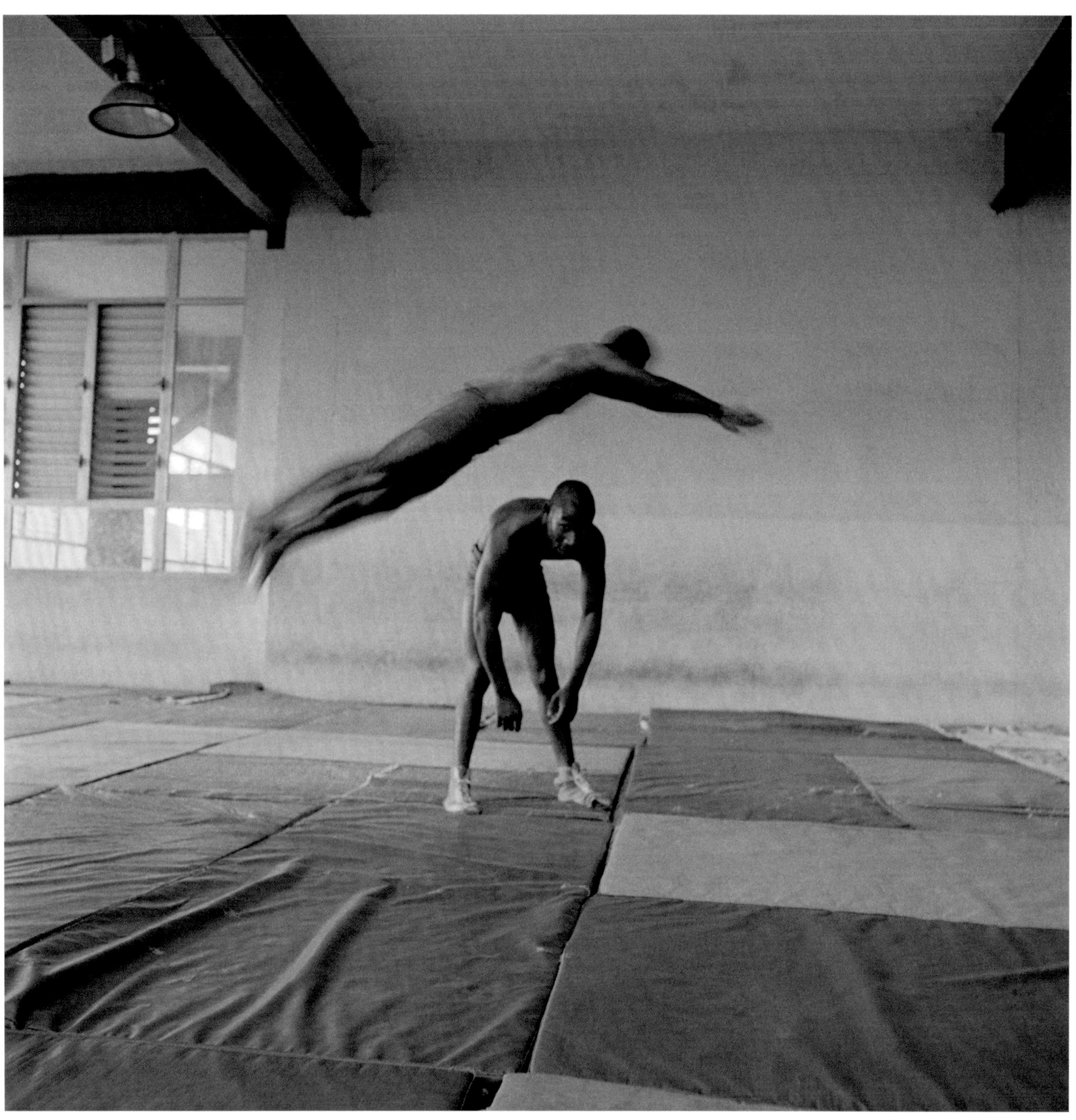

About the Photographer

Laurence Salzmann's preoccupation with photography and filmmaking goes back to the late 1960s. His signature work is rooted in the social-documentary tradition and the way in which other cultures function in their own environments. Salzmann's work includes a wide spectrum of topics: a vanishing Jewish community in Eastern Europe, portraits of residents of Single Room Occupancy Hotels in New York, dancers in a theatrical setting. His keen sense of observation of people filters through his "lens" to decode social and cultural idiosyncrasies. In his words, his images are aimed to endure—to convey knowledge and inspiration long after they have been exhibited.

Salzmann's interest in Cuba began in 1960, when a Cuban high school classmate invited him to spend the summer with his family, to experience the accomplishments of the Cuban Revolution.

Salzmann has completed several major long-term projects in the U.S. and abroad, including *Imagining Cutumba; Face to Face: Encounters Between Jews & Blacks; Anyos Munchos i Buenos—Turkey's Sephardim; The Last Jews of Rădăuţi; La Baie/Bath Scenes* and *De Noche/By Night*—photographs of the celebration of a religious pilgrimage near Tilcara in Argentina's Jujuy province.

Currently Salzmann is at work on a photo-film documentation in La Sierra del Norte of Puebla, Mexico. This new work documents the life left behind by Mexican workers who have migrated to the United States from that region. So continues Salzmann's long tradition of recording cultures other than his own and in particular, those of Latin America.

Among Salzmann's awards are a Pew Fellowship in photography, a Fulbright Grant, artist residencies at Blue Mountain Center in New York State and Fundación Valparaíso Mojácar, Spain.

His photographs are in the collections of the Philadelphia Museum of Art; Israel Museum, Jerusalem; Free Library of Philadelphia; Museum of Photographic Arts, San Diego; The Jewish Museum, New York; Corcoran Gallery, Washington, D.C.; International Center of Photography, New York; Bibliothèque Nationale, Paris; Jewish Community of Istanbul; Haverford College, Haverford; The Harvard Semitic Museum, Cambridge; Lehigh University Art Galleries, Bethlehem; Smith College Library, Northampton; The James A. Michener Art Museum, Doylestown; YIVO Institute for Jewish Research, New York; High Museum of Art, Atlanta; Bryn Mawr College, Bryn Mawr; and The University of Pennsylvania Museum of Archaeology, Philadelphia.

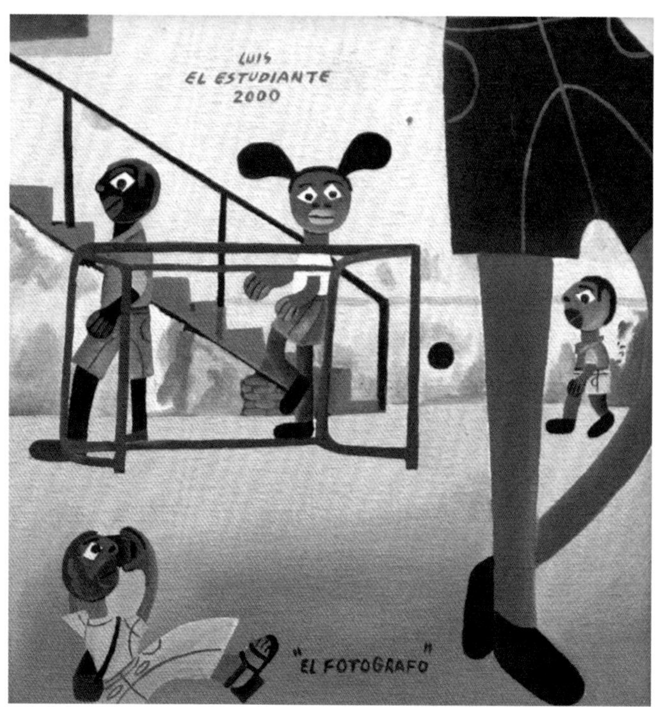

Salzmann with camera in hand as seen through the whimsical eye of Luis el Estudiante.

Sobre el Fotografo

La preocupación de Laurence Salzmann por la fotografía y el audiovisual, se remonta a finales de los sesenta. Su trabajo se inscribe en la tradición socio-documental y especialmente en el funcionamiento de las "otras culturas" en su propio contexto. La obra de Salzmann incluye un amplio espectro de temas, la comunidad judía de Europa Occidental, retratos de los habitantes de "Single Room Occupancy Hotels", en Nueva York, o movimientos en escenarios teatrales. Su perspicaz sentido de la observación de las personas y sus ambientes se filtra a través de su lente, para descifrar y adentrarse en las más diversas idiosincrasias. Dicho con sus propias palabras, sus imágenes pretenden brindar conocimiento e inspiración, hasta mucho tiempo después de ser exhibidas.

El interés de Salzmann en Cuba data de 1960, cuando un compañero de clases de escuela secondaria lo invitó a pasar un verano con su familia, para apreciar de cerca los logros de la Revolución Cubana.

Salzman ha completado numeroso proyectos de largo plazo, tanto en los Estados Unidos, como en el extranjero. Entre ellos encontramos *Imaginando Cutumba; Cara a Cara: Encuentros entre judíos y negros; Anyos Muchos i Buenos-Sefardíes de Turquía; Los últimos judíos de Rădăuţi; La Baie/Escenas de Baño* y *De Noche* fotografías de peregrinaciones religiosas en la región de Jujuy, Argentina.

En la actualidad, Salzmann está fotografiando en el estado Mexicano de Puebla, captando imágenes de la vida que trabajadores mexicanos (indocumentados en Estados Unidos) dejaron en ese su estado natal en México. De esta manera continúa la larga carrera de Salzmann, en la documentación de culturas "diferentes," y en particular, las de América Latina. Sus premios incluyen un Pew Fellowship en fotografía, una Beca Fulbright, residencias en el Centro de Blue Mountain, NY y Fundación Valparaíso, Mojácar, España.

Trabajos suyos aparecen en las colecciones del Museo de Arte y la Biblioteca Libre de Philadelphia, el Museo de Israel en Jerusalem, el Museo de Artes Fotográficas de San Diego, el Centro Internacional de Fotográfia de New York, la Galería Corcoran en Washington, la Biblioteca Nacional en Paris, la Comunidad Judía de Estambul, la Universidad de Haverford, Museo Semitico de Harvard, Cambridge, Lehigh University Art Galleries en Bethlehem, la Biblioteca de la Universidad Smith en Northampton, El Museo de James A. Michener, Doylestown, YIVO (Instituto de Investigaciones Judíos), en New York, Bryn Mawr College, Bryn Mawr y Museo de Archaeología y Antropología, de la Universidad de Pennsylvania, Philadelphia.

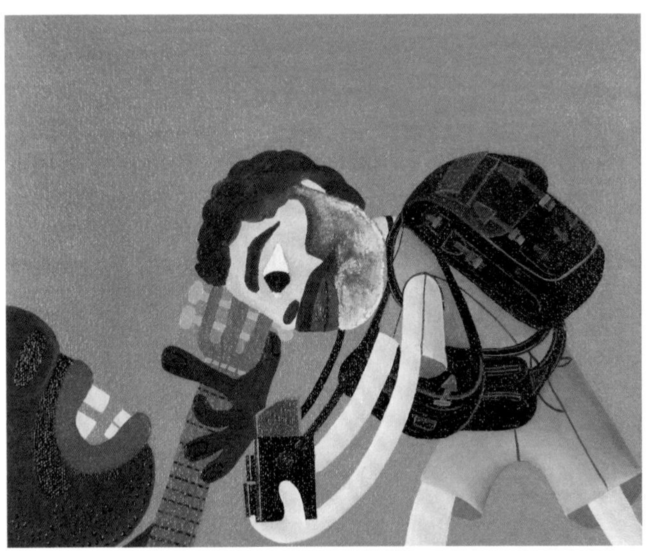

Salzmann, cámara en mano, ante la mirada caprichosa de Luis el Estudiante.

About the Painter

Luis Joaquín Rodríguez Ricardo, also known as Luis el Estudiante, was born in 1966 in Marcené, Holguín, Cuba. As a young man his aspiration was to become a pilot. However, he chose a more practical path and studied construction engineering, a profession in which he worked for several years before dedicating himself full time to painting. He is essentially a self-taught painter. For his first painting he borrowed his father's brushes and paints to recreate from memory the neighborhood where his first sweetheart lived.

Since 1994 he has supported himself through his painting. He has been highly successful in getting shows in Cuba as well as several foreign countries. His work has been the subject of numerous articles in books, magazines and newspapers, including The *New York Times* (January 2001). In the United States his work is represented by the Center for Cuban Studies Artspace, New York City.

Generally, the inspiration for Luis's work comes from his childhood memories of the farming village of Mella where he grew up. He is still inspired by daily life there: its nature, religious rites, including those of the Haitian immigrants, and its colorful characters. Luis formed an artists' collective called Grupo Bayate, a group of naïve style painters/artists from Mella whose members paint their vision of the world and the town of Bayate as they remember it before it was flooded by the building of a dam.

Of his collaboration with Salzmann for the *La Lucha* photo series, Luis said, "When Lorenzo Salzmann first proposed the idea of working on a series of paintings based on his *La Lucha* photographs, I was dazzled and challenged, for I was forced to paint with gray tones and in black and white, imitating the shades of his photographic work. This was something completely different from my previous work which is characterized by brilliant colors, because it would mark a new stage and help me create several works on a single subject, finding solutions that would help me develop and organize future work.

Luis lives with his wife Luisa (an art historian) and their son, also named Luis, just a few streets down from the gym where the *La Lucha* photographs were realized.

Additional paintings from Luis's *La Lucha* series can be seen at www.BlueFlowerPress.com.

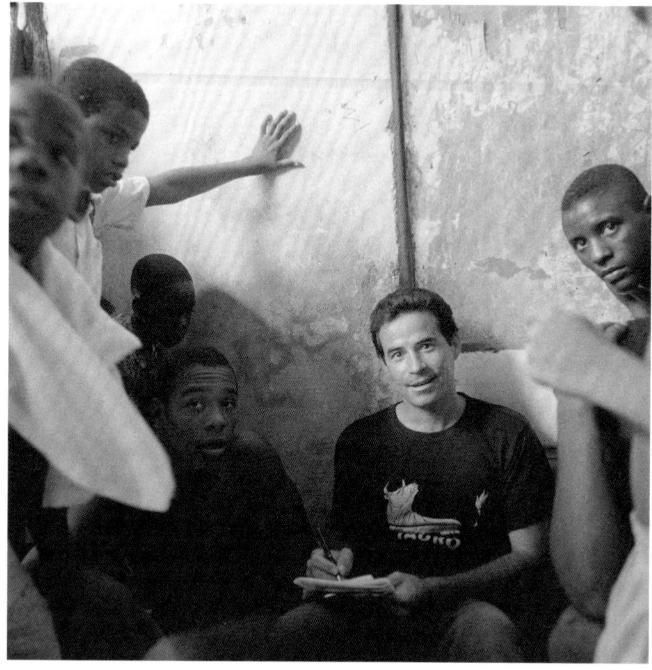

Luis at the Aurelio Janet Gymnasium, surrounded by the wrestling students.

Luis en el Gimnasio Aurelio Janet, rodeado de estudiantes de lucha.

Sobre el Pintor

Luis Joaquín Rodríguez Ricardo, también conocido como Luis el Estudiante, nació en 1966 en Marcené, Holguín, Cuba. De joven su aspiración era hacerse piloto. Sin embargo, tomó un camino más práctico y se graduó de técnico en Construcción Vial - una profesión en la cual trabajó durante varios años antes de dedicarse por completo a la pintura. Como pintor es esencialmente sentimental. Para crear su primera pintura le pidió prestado los óleos y pinceles a su padre Luis para recrear de memoria el barrio donde vivía su primera novia.

Desde 1994 él se ha ganado la vida con la pintura. Ha participado en numerosas muestras personales y colectivas en Cuba y muchos países extranjeros. Algunas de sus obras ilustran numerosos artículos en libros, revistas y periódicos, como el *New York Times*. En los Estados Unidos su trabajo lo representa el Centro de Arte y Estudio Cubano en Nueva York.

Generalmente, la inspiración para el trabajo de Luis, viene de sus recuerdos de niñez del pueblo de Mella dónde se crió. Él aún se inspira en la vida cotidiana de su pueblo: la naturaleza, los ritos religiosos (incluyendo los de los inmigrantes haitianos), y los personajes pintorescos de su villa. Luis forma parte de un colectivo de artistas llamado Grupo Bayate, junto a otros pintores y artistas de estilo ingenuo de Mella, los cuales pintan su visión del mundo, el mundo como ellos lo ven y como ellos recuerdan el pueblo de Bayate antes que fuera inundado depués de la construción de un dique.

Cuando Lorenzo Salzmann le propuso primeramente a Luis crear una serie de pinturas basada en sus fotografías sobre *La Lucha*, Luis se sintió desafiado a crear una serie de pinturas que serían una salida de su estilo usual y materia.

Luis, escribiendo sobre esta colaboración ha dicho, "Cuando Lorenzo Salzmann me propuso la idea de trabajar en una serie de pinturas basada en su proyecto sobre *La Lucha* para mí fue un poco asombroso y un reto ya que debía trabajar con los tonos grises, blanco y negro, ya que él tenía concebido su trabajo fotográfico con estos tonos. En realidad era algo totalmente diferente a mi trabajo hasta ese momento de colores brillantes de fuerte contraste y con mucha luz. Pero asumí el reto con valentía, ya que marcaría una nueva etapa y me ayudaría a crear varias obras con un mismo tema, encontrando soluciones que me favorecieran para desarrollar y organizar el trabajo futuro."

Luis vive con su esposa Luisa, una historiadora de arte, y su hijo, también llamado Luis, justo sólo a unas puertas del gimnasio donde fueron hechas las fotografías de *La Lucha*.

Otras pinturas de Luis sobre la serie *La Lucha* puede verse en el sitio web: www.LaLuchaTheStruggle.com

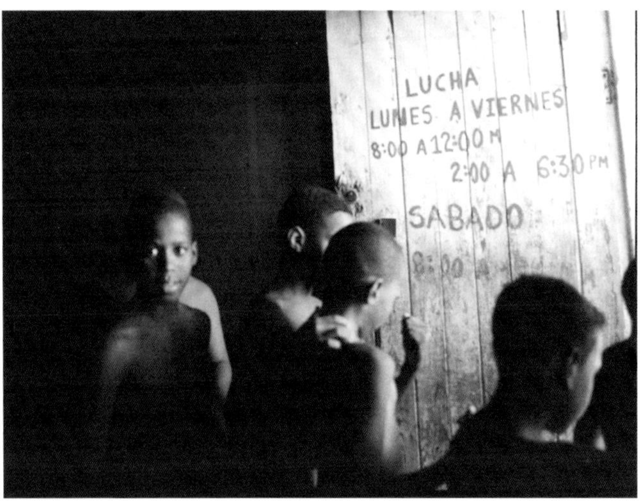

El cartel en la puerta del Gimnasio Aurelio Junet dice "Lucha Lunes a Viernes."

The sign on entrance door at the Gimnasio Aurelio Janet read *Lucha Lunes a Viernes* (Wrestling Monday to Friday).

About the La Lucha Project – Laurence Salzmann

Serendipity has often played a part in my photography. I started to work on the *La Lucha* series in November 1999, and I called it *De Lunes a Viernes* (Monday through Friday). The title was borrowed from a sign at the entrance to the Gimnasio Aurelio Janet, a gym that I came across while walking through the streets of Santiago de Cuba. Peeking through its doorway, below a set of concrete steps, I saw the silhouetted forms of young athletes in training. The gym served as a center for extracurricular activities where boys age 8-18 learned freestyle weight lifting and Greco-Roman style wrestling. I asked permission to take a few photographs. This marked the beginning of the *La Lucha* series.

Over the next four years I returned to Santiago de Cuba six times to work on the wrestling series, and also to photograph the training and practice sessions of the Ballet Folklórico Cutumba, a traditional Afro-Cuban dance group. I found the movements and the discipline involved in the dancers' training not unlike those of the young wrestlers. Each group, in its own way, was committed to excellence and dedicated to its art form. The dancers and wrestlers reminded me of the bathers at a Jewish bathhouse in Romania where I had once photographed the movements of the male figures.

In creating the wrestling and the dance photographs, I focused on the way in which human forms interacted with their environments. For the dancers I used time and multiple exposures and tried to capture a sense of motion that made their performances appear as a kind of magical transformation. For the wrestlers I followed a more traditional socio-documentary approach.

I envision the *La Lucha* photographs as a metaphor for Cuban society. In Spanish *la lucha* means both "wrestling" and "struggle."

Competitive sports in Cuba have come to embody national identity and patriotic fervor. Slogans posted throughout the gym exhorted the young athletes to excel. A typical one read, *El Deporte es el orgullo de la Revolucion* (Sport is the pride of the revolution). In the same spirit, an 11 year-old boy expressed his feelings: "It is my highest ambition to win a medal in an international wrestling competition so I can present it at a ceremony to *El Comandante* [Fidel]."

The models of athletic training as practiced in the countries of the former Eastern Bloc have influenced Cuba's sports training programs. The Aurelio Janet gym serves as a screening center where young children who show an aptitude for wrestling or weight lifting are given scholarships to attend a specialized high school for sports, with hopes of becoming champions someday.

I met Luis Rodríguez (a.k.a. Luis el Estudiante), a painter of naïve style paintings, and his wife Luisa, in Santiago. I enjoyed being a guest in their home where there was always *congri*, a Cuban rice and bean dish, and a circle of friends with whom to share and learn more about the intricacies of Cuban life.

During one of my trips to Santiago I invited Luis to paint his impressions of the wrestlers, because I felt his whimsical style would provide a fresh counterpoint to my black and white photographs, which were stark and somber. At first, Luis based his paintings on my photographs. After visiting the gym and talking with the wrestlers, he created his own vision of the young wrestlers for his *La Lucha* paintings.

Some of the titles for Luis' paintings came from names of wrestling moves or slogans painted on the walls of the gym. Others sprang from his imagination, like *Lucha con el Cocodrilo* (The Struggle with the Crocodile). In this instance *cocodrilo* may refer to Cuba, as the shape of the island resembles a crocodile. A painting entitled *Salto de Tigre* (Leap of the Tiger, p. 26), depicts one wrestler floating over the back of another. Although I had seen this exercise myself, I had not photographed it, because it required a faster shutter speed than the available light in the gym permitted. With the use of a flash, however, I was able to create a photograph inspired by this painting. I made my version of *El Salto de Tigre* at the gym called Sala Polivalente where I met a team of deaf-mute wrestlers who had won a gold medal for Cuba at the 1999 Pan American Games. These men were ably trained by their coach Lorenzo De Armas Leira, who communicated with them through a combination of sign language and lip movements.

In the course of photographing both *La Lucha* and the *Cutumba Ballet Folklorico*, I shot video sequences which often mirrored my still images and rendered a kind of multi-dimensionality missing in the photographs. The video images are edited into several films that convey a sense of the extraordinary rhythmic quality and musicality of Santiago. They manage to capture a small part of the exciting and colorful activities of daily life in Santiago de Cuba. The videos are entitled *La Lucha, Imagining Cutumba* and Willy's Blessing.*

My first visit to Santiago was motivated by a desire to help create a sister city relationship between Philadelphia and Santiago. This relationship did not materialize. However, in conjunction with Moonstone, Inc. of Philadelphia, I was able to establish an arts and culture festival.

Known as *El Festival Cubano*, the programs initiated a series of cultural connections and exchange of artists between the two cities during the years 2000–2004. As part of this Festival, Taller Puertorriqueño (a Hispanic cultural center in Philadelphia) exhibited the *La Lucha* photographs and paintings. Working with educators in Philadelphia, we developed a study guide** that helps teachers use the *La Lucha* book in their classrooms.

Santiago is Cuba's second largest city, famous for its *son* music (a style of music that combines Spanish *cancíon* with African rhythms), the battle of San Juan Hill, and the assault led by Fidel Castro on the Moncada Barracks on July 26, 1953, which ultimately gave birth to Cuba's revolution. The streets and public squares of Santiago serve as a large living room where much social activity takes place. Weekly concerts are held in the city's main square, Parque Céspedes. At Plaza de Marte animated discussions of sports (Peña de Pelota) and other topics are held daily. Games of dominos continue into the night under street lamps, with onlookers gathering and giving advice to the losers. Young boys favor the ubiquitous stick ball game that makes use of a simple stick and a bottle top. In July, street festivals and fairs culminate in a spectacular carnival that takes over the entire city.

* *Imagining Cutumba* is included on the *La Lucha* DVD.

** The study guide for this book can be downloaded from www.LaLuchaTheStruggle.com.

Sobre La Lucha – Laurence Salzmann

El encuentro fortuito a menudo es parte de mi fotografía. Cuando empecé la serie *La Lucha*, la titulé De lunes a viernes (Monday Through Friday). Tomé ese título de un cartel en la entrada del Gimnasio Aurelio Janet, que ví mientras caminaba por las calles de Santiago de Cuba. Un vistazo por esa puerta, escaleras abajo, me reveló las siluetas de jóvenes atletas que se entrenaban. El gimnasio era el centro de actividades de jóvenes de 8 a 14 años dedicados a aprender levantamiento de pesas y lucha libre. Ese mismo día pedí permiso para sacar las primeras fotos que constituyen el principio de la serie *La Lucha*.

Durante cuarto años regresé a Santiago de Cuba, unas seis veces, para trabajar en la serie de los luchadores y fotografiar el entrenamiento y ensayos del Ballet Folclórico Cutumba, grupo que se dedica a la danza afrocubana. Noté que los movimientos y la disciplina del entrenamiento de bailarines y de luchadores se parecían. Los dos grupos se comprometían con la excelencia con gran dedicación a sus respectivas formas artísticas.

Mis estudios de los bailarines y los luchadores me hicieron recordar las experiencias por las que pasé al fotografiar los bañistas en los baños judíos de Rumania, donde me enfoqué en la manera de interacción de las formas humanas en ese medio ambiente. En las imágenes de las bailarinas traté de captar el sentido de movimiento que caracteriza sus maravillosas presentaciones utilizando exposición larga o múltiple. Para fotografiar a los luchadores seguí el enfoque tradicional del fotodocumental. Me interesaba revelar la relación entre los luchadores, sus entrenadores y el espacio en que practicaban.

Llegué a ver las fotos de *La Lucha* como una metáfora de la sociedad cubana, la lucha libre y la lucha en todos los sentidos de la palabra.

En Cuba los deportes competitivos facilitan la expresión de la identidad nacional. Como me lo expresó un muchacho de once años, "Mi mayor ambición es ganar una medalla en una competencia internacional de lucha para presentarle la medalla en una ceremonia a El Comandante. Hay consignas por todo el gimnasio exhortando a los atletas a destacarse en la lucha. Una típica consigna declara: El Deporte es el orgullo de la Revolución.

El Gimnasio Aurelio Janet sirvió como un centro de selección de los jóvenes que más se destacaban en la lucha libre o el levantamiento de pesas y que, por lo tanto, recibirían becas especiales para seguir entrenándose en colegios especializados en crear candidatos para los campeonatos.

En Santiago me hice amigo de Luis Rodríguez (conocido como Luis el Estudiante), pintor naïve. Al final del día, en su casa, casa que él y su esposa Luisa compartían con sus suegros, siempre había congrí (arroz con frijoles negros) y un círculo de amigos con quien compartir experiencias y aprender más sobre las complejidades de la sociedad cubana.

Invité a Luis a pintar sus impresiones de los luchadores que yo estaba fotografiando porque pensé que su estilo juguetón y caprichoso proporcionaría un contrapunto fructífero con mi fotografía en blanco y negro, fotos austeras y sombrías. Al principio Luis basó sus pinturas en mis fotos. Después de visitar el gimnasio y de conversar con los luchadores, comenzó a crear imágenes basadas en sus propias experiencias del lugar. Luis le puso un título a cada una de sus obras. A veces el título se basaba en el movimiento de lucha que los atletas estaban practicando o en alguna consigna en las paredes del gimnasio.

Otras veces era pura invención como la obra llamada "Lucha con el cocodrilo." En ésta, "cocodrilo" podría referirse a Cuba, isla cuya forma parece un cocodrilo.

La obra titulada "Salto del tigre" (p. 26) representa a un luchador que flota por sobre los hombros de otro. Aunque yo había visto ejecutar este ejercicio, nunca lo fotografié ya que exigía un tiempo de exposición de mayor velocidad a lo que las condiciones de luz natural del gimnasio permitían. Luego, utilizando un flash logré hacer la foto inspirándome en la pintura de Luis. Mi versión de "El salto de tigre" la hice en la Sala Polivalente, otro gimnasio de Santiago. Allí conocí a un grupo de luchadores sordomudos quienes, como grupo, habían ganado una medalla de oro para Cuba en los Juegos Panamericanos de 1999. Estos luchadores habían sido entrenados con mucha habilidad por Lorenzo de Armas Leira, quien utilizó una mezcla de señas y movimientos de sus labios para comunicarse con ellos.

En el curso del proyecto de fotografiar tanto *La Lucha* como el Ballet Folclórico Cutumba, comencé a grabar video que a menudo era el reflejo en movimiento del trabajo de imágenes fijas. Con estos videos me proponía apoderarme de la multidimensionalidad que estaba ausente de las otras imágenes y al mismo tiempo transmitir algo de la extraordinaria cualidad rítmica y musicalidad de Santiago. Los videos *Imaginando Cutumba*, La Lucha y Willy's Blessing* captan apenas una pequeña parte del vasto despliegue de entusiasmo y actividades pintorescas de la vida cotidiana de Santiago.

Durante mi primera visita me proponía ayudar a establecer una relación de "ciudades hermanas" entre Filadelfia y Santiago de Cuba. Aunque este objetivo de hermanar las dos ciudades no se logró, sí se pudo crear, por medio del Festival Cubano, festival artístico y cultural que fundé y dirigí para Moonstone Inc. en Filadelfia durante los años 2000-2004, una serie de conexiones culturales e intercambio de artistas entre las dos ciudades.

Mis fotografías de *La Lucha* se exhibieron como parte de El Festival Cubano en el Taller Puertorriqueño de Filadelfia. Trabajando con estudiantes de escuelas secundarias durante el Festival Cubano desarrollamos una guía de estudio para maestros que facilitará el uso del libro *La Lucha* en sus aulas.**

Santiago es la segunda ciudad más grande de Cuba, famosa por su música de son, la batalla de la Loma de San Juan y el ataque de Fidel al Cuartel Moncada el 26 de julio de 1953, fecha de nacimiento de la Revolucón Cubana. Las calles y las plazas de Santiago son con la sala de la ciudad, lugares donde se despliega su vida social. Se ofrecen conciertos semanales en el Parque Céspedes, la plaza principal, y en el Parque de la Plaza de Marte se oyen a diario discusiones sobre pelota y otros temas diversos. Hay juegos de dominó que se prolongan tarde en la noche bajo la luz de los postes, rodeados de espectadores dispuestos a dar consejos a los perdedores. Los muchachos favorecen el perenne juego de pelota a palo y chapas. En julio culminan las fiestas callejeras y las ferias con el carnaval que se apodera de todo Santiago durante 4 o 5 días.

* El DVD de Imagining Cutumba está incluido con el de *La Lucha*

** La guía de estudio se puede bajar en www.LaLuchaTheStruggle.com

Acknowledgements

I am indebted to many people who helped over the course of several years to bring the *La Lucha* book to fruition. My first thanks go to the coaches who allowed me to photograph the athletes at various gyms in Santiago. They are: **José Prado**, **Santiago Noriega**, **Angel Galmuri López** and **Lorenzo De Arma Leira**.

I am grateful to **Luis el Estudiante** for his willingness to participate in this project and to his wife, **Luisa María Ramírez Moreira** and her parents, **Ignacio and Mercedes**, who made my wife and me feel welcome in their home.

My deep appreciation goes to my wife, **Ayşe Gürsan-Salzmann**, who wrote the grant proposals to fund *El Festival Cubano* and the publication of *La Lucha*, and **Enrique Sacerio-Garí**, for editing and translating most of the text of *La Lucha* into Spanish.

Additional help with text translations and editing came from **Lisa Sacerio, Karen Faulkner** and **Lillian Guerra**. **Yordanis Fernández** provided an ongoing liason with Santiago de Cuba.
W. Keith McManus helped with technical support of the book and its web site. **Willy Adler** carted around my photographic equipment in Santiago while providing interesting insights on Cuban life.

Finally, I wish to acknowledge **Moonstone, Inc.** and its director **Larry Robin** for encouraging me to create *El Festival Cubano*. During its run in Philadelphia (2000-2004), the city-wide Festival created enduring cultural connections between artists in Santiago and Philadelphia.

Foundations and organizations that supported *El Festival Cubano* are: **Bread and Roses Community Fund**; **Samuel S. Fels Fund**; **PEW Dance Advance Fellowship in the Arts**; **PHC Humanities-and-the-Arts Initiative**; **The Philadelphia Foundation**; **William Penn Foundation**; **The Puffin Foundation Ltd.**, **Greater Philadelphia Cultural Alliance**; **Asociación de Músicos Latino Americanos (A.M.L.A.)**; **Art Sanctuary**; **The International House**; **Project Home**; **Taller Puertorriqueño**.

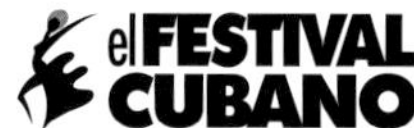

The logo for *El Festival Cubano* was created by **Barbara Torode**.

Alexander Hau and **Marites Alvarez** coordinated production of the book at Oceanic Graphic Printing.

Fellowships from the **Pennsylvania Council on the Arts** and the **Pew Fellowships in the Arts** helped to support the production of the *La Lucha* photographs.

A study guide for *La Lucha* by **Amy Cohen**, a special education teacher at the J.R. Masterman School in Philadelphia, is available at *La Lucha*'s web site.
Both *La Lucha* and its study guide are available to Philadelphia-area teachers for classroom use. Visit the Blue Flower Press web site for more information.

Photographs from the *La Lucha* series are represented by **Artseal Gallery,** San Francisco, California. and are also available from the photographer. Visit his web site at: LaurenceSalzmann.com for more information.

Agradecimientos

A todos los que me ayudaron durante varios años a llevar a cabo el proyecto del libro *La Lucha* les doy mis más profundos agradecimientos.

Primero doy gracias a los entrenadores José Prado, Santiago Noriega, Angel Galmuri López y Lorenzo de Armas Leira, que me permitieron fotografiar los luchadores en varios gimnasios de Santiago.

Mi mayor gratitud es para **Luis el Estudiante** por su disposición a participar en este proyecto, a su esposa **Luisa María Ramírez Moreira** y sus padres **Ignacio** y **Mercedes**, por todas sus atenciones y hospitalidad en su casa santiaguera.

Aprecio la gran colaboración que me prestó mi esposa **Ayşe Gürsan-Salzmann** al escribir la propuesta para solicitar fondos para *El Festival Cubano* y la publicación de *La Lucha.*

A mi amigo **Enrique Sacerio-Garí**, por redactar y traducir la mayoría del texto de La Lucha, a **Lisa Sacerio, Karen Faulkner** y **Lillian Guerra** por su ayuda en las traducciones, a **Yordanis Fernández** por su amistad, a **W. Keith McManus** que se encargó generosamente de los aspectos técnicos del libro y del sitio web, y a **Willy Adler** que me ayudó a cargar el equipo fotográfico en Santiago mientras me ofrecía su perspicaz comentario sobre Cuba.

Finalmente deseo agradecer a **Moonstone, Inc** y a su director **Larry Robin** el haberme alentado a crear *El Festival Cubano* de Filadelfía. Este festival, que se extendió por toda la ciudad durante los años 2000-2004, creó conexiones culturales que perduran entre los artistas de Santiago y de Filadelfía.

Las siguientes fundaciones y organizaciones apoyaron a *El Festival Cubano*: **Bread and Roses Community Fund, Samuel S.Fels Fund, PEW Dance Advance Fellowship in the Arts, PHC Humanities-and-the-Arts Initiative, The Philadelphia Foundation**, **William Penn Foundation**, **The Puffin Foundation Ltd.**, **Greater Philadelphia Cultural Alliance**, **Asociación de Músicos Latino Americanos (A.M.L.A.)**, **Art Sanctuary**, **The International House**, **Project Home**, **Taller Puertorriqueño**.

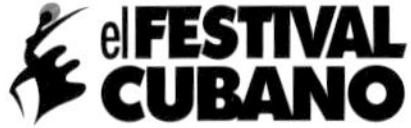

El logo de *El Festival Cubano* fue diseñado por **Barbara Torode**.

Alexander Hau y **Marites Alvarez** fueron los cordinadores de la produccion del libro en Oceanic Graphic Printing.

Becas de **Pennsylvania Council on the Arts** y **Pew Fellowships in the Arts** apoyaron la producción de las fotos de *La Lucha*.

En nuestro sitio web se puede obtener gratis una guía de estudio de *La Lucha*, escrita por **Amy Cohen**. Hay ejemplares de este libro disponibles para su distribución a profesores de las escuelas de la región de Filadelfia que deseen utilizarlo en sus clases junto con guía de estudio.

Las fotografías de *La Lucha* son representadas por la **Galería Artseal** de San Francisco, California Para más información sobre *La Lucha*, visite LaLuchaTheStruggle.com.